Una soltera entre casadas

Qué hacer cuando sientes que te estás
quedando atrás

Casandra Gally González

EL LIBRO MUERE CUANDO LO FOTOCOPIAN

Amigo lector:

La obra que tiene en sus manos es muy valiosa. Su autor vertió en ella conocimientos, experiencia y años de trabajo. El editor ha procurado dar una presentación digna de su contenido y pone su empeño y recursos para difundirla ampliamente, por medio de su red de comercialización.

Cuando usted fotocopia este libro o adquiere una copia "pirata" o fotocopia ilegal del mismo, el autor y editor no perciben lo que les permite recuperar la inversión que han realizado.

La reproducción no autorizada de obras protegidas por el derecho de autor desalienta la creatividad y limita la difusión de la cultura, además de ser un delito.

Si usted necesita un ejemplar del libro y no le es posible conseguirlo, escríbanos o llámenos. Lo atenderemos con gusto.

EDITORIAL PAX MÉXICO

TÍTULO DE LA OBRA: *Una soltera entre casadas.*
Qué hacer cuando sientes que te estás quedando atrás

COORDINACIÓN EDITORIAL: Gilda Moreno Manzur
DIAGRAMACIÓN: Abigail Velasco
PORTADA: Russell Hunt

© 2016 Editorial Pax México, Librería Carlos Cesarman, S.A.
Av. Cuauhtémoc 1430
Col. Santa Cruz Atoyac
México DF 03310
Tel. 5605 7677
Fax 5605 7600
www.editorialpax.com

Primera edición
ISBN 978-607-9346-98-0
Reservados todos los derechos

Para las mujeres de mi familia, con muchísimo cariño y gratitud.

Agradecimientos

Siempre que leo esta sección en los libros me parece un tanto cursi o exagerado, pero ahora que pienso en todos los que me apoyaron a hacer de esta idea una realidad comparto ese sentimiento de cariño para todo el equipo. Antes que nadie está mi familia. Alternativos, soñadores, emprendedores y creativos, han hecho de mi vida una experiencia padrísima. Mamá, gracias por tu amor, tu fortaleza, tu paciencia y tu resiliencia que tanto me inspira. Papá, gracias por ver posibilidades donde otros ven obstáculos y apoyar mis sueños más guajiros. Hermano, creo que sería imposible estar más orgullosa de alguien, te admiro muchísimo.

Sin Gilda Moreno, mi editora, este libro no hubiera sido posible. Gracias por tu paciencia y visión al armar este rompecabezas junto conmigo. Gracias también a todo el equipo de la Editorial Pax. Sin ustedes las palabras de los autores se quedarían en el aire y no en manos de todos.

Russell Hunt, mi cómplice de uña y mugre (yo soy la uña), muchas gracias por tu creatividad al diseñar estas páginas, por tu risa contagiosa, y por creer en mi, cuando yo no supe hacerlo.

A mis amigas alrededor del mundo tanto solteras como casadas, que me han pasado un Kleenex en las malas y se han reído conmigo en las buenas, no tengo palabras para agradecerles. Aprendo muchísimo de cada una y no me imagino lo aburrido que sería la vida cotidiana sin tener su amistad. Las quiero.

Por supuesto, no puedo dejar de agradecer a Gabriel Torres, una espiral entre cuadrados, por tu apoyo y creatividad.

Índice

Cómo sacarle jugo a este libro

Este libro, vía ideal de comunicación contigo, lectora, comienza con mis experiencias a lo largo de varios años y la manera en que me ayudaron a percatarme de una situación y problemática que vivimos las mujeres (y resulta que los hombres también) en nuestro país y en muchos países de América Latina. Parece ser que, al rebasar cierta edad, hay una enorme presión social por ser parte de una pareja formal, contraer matrimonio, formar una familia y seguir cierta fórmula predeterminada de vida.

En las páginas que leerás a continuación, he integrado tanto teorías de psicología que asimilé y comprendí al estudiar la carrera de psicología, como aprendizajes que adquirí en nuestro país y en los años que viví en el extranjero.

Además de mis propias vivencias y de las teorías psicológicas mencionadas, aquí presento una serie de historias y anécdotas de otras mujeres que han sentido la enorme presión social de contraer matrimonio a toda costa. Algunas son tristes, otras esperanzadoras, pero el elemento común a todas ellas es que se trata de casos reales.

El anhelo de tener una pareja, formar una familia y dejar de ser la única soltera en la mesa, aunado a la presión ejercida por la sociedad mexicana de casarte para "no ser una quedada", puede provocar que tomes decisiones que tal vez no sean las más saludables a largo plazo con tal de resolver la situación de manera inmediata.

En este libro incluyo ejercicios, preguntas, espacios de reflexión y consejos, diseñados para apoyarte y empoderarte, para darte herramientas que te ayuden a vivir esta etapa de una manera que te beneficie lo más posible.

Si lees el libro de principio a fin, realizas los ejercicios con honestidad y pones tus nuevos hábitos en práctica, te prometo que no serás la misma mujer que inició la lectura. Aunque las transformaciones personales son maravillosas y creo firmemente en el crecimiento individual, debo advertirte que este proceso no siempre es cómodo. Es más, es muy probable que al leer algunos capítulos te sentirás incómoda o molesta. En realidad, esto es parte del reto y del proceso; para crecer hay que salir de nuestra zona de confort y hacerlo puede ser muy difícil. Quizá reconozcas ciertas formas de actuar tuyas que no te agradan, o caigas en cuenta de que quieres cambiar muchos aspectos de la forma como vives ahora.

Precisamente porque sé por experiencia personal que cambiar puede ser muy incómodo, aclaro que si te sientes así, no estás sola. Es algo normal, por lo que pasamos todas. A lo largo del libro, hablo a menudo sobre la sensación de desesperación y frustración que invade a muchas mujeres por seguir solteras a una edad en la que la sociedad –y ellas mismas– presuponían que ya estarían casadas (y tal vez hasta con hijos). Por desgracia, el peligro que eso provoca, como mencioné, es que la prisa por darle "solución" a su situación, las haga elegir como pareja a quien no es lo mejor para ellas.

"Siempre es buen momento de crecer, sanar, divertirte, evolucionar y aprender sobre ti misma."

La palabra "desesperada" se utiliza solo para ilustrar un estado emocional que en lo personal he vivido y que puedes estar pasando tú. Sí, la palabra es inquietante, pero en ningún momento recurro a ella para enjuiciarte. Es algo que sentimos alguna vez todas las solteras que nos desenvolvemos entre casadas y es necesario reconocerlo si queremos cambiarlo.

Cabe aclarar de mi parte que estas ideas son una generalización de lo que ocurre en nuestra cultura. Esto es, hay mujeres que no tienen deseo alguno de casarse y que la soltería no les provoca la más mínima angustia. Asimismo, habrá quienes no desean convertirse en madres y prefieren vivir solas o en unión libre que pasar por el altar. Sería errado agrupar a todas las mujeres bajo una sola categoría e imposible describir todas y cada una de las situaciones individuales que se desarrollan en nuestro país.

Por último, te pido que tomes la lectura de este libro y la realización de los ejercicios como un viaje divertido y espero que valioso. Siempre es buen momento de crecer, sanar, divertirte, evolucionar y aprender sobre ti misma. Nos seguimos leyendo.

Mi historia

Es mejor haber amado y perdido, que nunca haber amado. —Lord Tennyson

uizá te preguntes por qué decidí escribir sobre este tema, quizá te interese más que nada qué puede aportarte este. De cualquier forma, quiero hablar con brevedad de mi historia y cómo llegué a estar donde estoy.

Pasé la mayor parte de mi infancia y adolescencia en una pequeña ciudad en el sur del país, entre buganvilias y albercadas en casa de los amigos.

Al salir de la prepa sentí unas ganas implacables de conocer Europa y decidí pasar un año en París. Ese año fue una mezcla de sobredosis de Nutella, tropezones con la ortografía francesa, largas horas aplastada entre mochileros que intercambiaban historias de viajes en los trenes que iban y venían de la estación La Garde du Norde e incontables conversaciones que se extendían a las altas horas de la madrugada con mi primer novio serio, un chavo que había sido mi mejor amigo durante el último año de la prepa. Creo que toda mujer tiene al menos una relación desastrosa en su vida, ese tipo de relaciones llenas de pasión y toxicidad a la vez, que consiguen que tus amigas se harten de escuchar la misma historia una y otra vez. Aunque ese año fue uno de los más felices de mi vida, te confieso que definitivamente esta fue mi relación desastre. Cuando por fin me amarré en serio los calzones y decidí que merecía una relación sana, salí de fiesta a Ladies Night para festejar con mis mejores amigas cantando las trilladas canciones de Paulina Rubio y Gloria Trevi a todo pulmón y celebrar la soltería. Nunca más he tenido ese tipo de relación.

Al terminar ese año, decidí estudiar psicología clínica en Monterrey, el norte del país. Sobra decir que, a pesar de que les agarré muchísimo cariño a los regios, el choque cultural inicial fue muy fuerte. De pronto me encontraba rodeada de mujeres que parecían listas para una pasarela en lugar de la escuela (hacían ver a las europeas como fachosas en superlativo), que sin pensarlo dos veces decían cosas como "pero ¿qué va a pensar la gente de mí?" y tenían una forma increíblemente pragmática de ver la vida. Lo más sorprendente, es que la mayoría de mis amigas se comprometieron al salir de la Universidad. La mano con la que recogían el título era la misma que tenía un diamante que parecía pesadísimo, y que más o menos un año más tarde luciría un hermoso anillo de bodas.

Durante mi estancia en Monterrey de nuevo apareció un hombre importante en mi vida. Era guapo, noble, caballeroso, lindo, deportista, machista, religioso y franco. Después de cinco divertidos y estables años juntos empezamos a sentir mucha presión de parte de sus papás (además de amigos, primos, tíos, abuelos y otros) por casarnos. La mayoría de mis amigas ya se habían puesto el vestido de novia e incluso tenían un bebé (o dos), y todo parecía indicar que este era el siguiente paso natural en nuestra relación. Un miércoles en la noche, cuando estábamos en nuestro bar favorito, tomó su michelada más rápido de lo usual, me miró a los ojos y me dijo "no estoy seguro de querer seguir contigo, lo siento". Por mi parte, casi me ahogo con el sorbo del cóctel que estaba disfrutando; no podía creerlo. Después de tanto tiempo, tantos momentos felices y tantos sacrificios que había hecho por la relación, ¿me estaba cortando? Sabía que me adoraba y me amaba, jamás pensé oír esas palabras salir de su boca. Si te soy muy honesta, en el fondo sabía que tenía un poco de razón. La conversación continuó más o menos así:

Él: "Te amo mucho, muchísimo. Pero la verdad es que, cuando imagino a mi esposa ideal, imagino algo muy diferente".

Yo: "mmmmjummmm".

Él: "Pues es que si te pido que seas como yo quiero, voy a terminar cortándote las alas, amor. A ti te encanta andar viaje y viaje y del tingo al tango; pero yo, la verdad quiero a alguien que me cocine, que se quede en casa, que esté ahí para cuidarme".

Yo: "Pero es que... te quiero mucho. Claro, ya que dices eso, quiero a alguien que viaje conmigo, alguien que quiera que crezca profesionalmente, alguien que sea mi pareja en todo y no espere que sea una esposa que se quede en la cocina. Bien sabes que la cocina no se me da en lo más mínimo y no podría vivir sin viajar".

Él: "Ya sé. Lo siento mucho. Lo intenté todo lo que pude, pero... creo que es mejor que no nos hablemos. Hay muchos hombres en el mundo, busca a alguien que sea tan aventurero como tú".

Yo (*internamente me obligaba a contar hasta 10, muy lento, para intentar aceptar que, en realidad, lo mejor era poner las cartas so-*

bre la mesa y no seguir juntos solo por el cariño que nos teníamos. Aunque suene muy zen, también me esforzaba por controlar las ganas de lanzarle a la cara lo que quedaba de mi trago): "Sí... te entiendo. Creo que tienes razón".

Él: "Sí. Creo que es lo mejor para los dos, pero te voy a extrañar".

Dejé que pagara la cuenta (evidentemente) y me llevara a mi casa. Recuerdo perfecto que me dijo "ten esta bufanda, quédatela tú; espero que no me odies". Me quedé con su bufanda roja, entré a mi casa, reuní a mis roomies para contarles el chisme y lloré un par de horas. Durante los meses siguientes nos llamamos y nos vimos de vez en cuando, siempre con gusto. Sé que hoy está casado con su chica ideal, la cual seguro cocina delicioso todos los días y tiene la casa impecable.

Por mi parte, pensando en las palabras de mi ex ("viaja, conoce a alguien que sea igual que tú"), decidí pasar seis meses en Tailandia como maestra de inglés y voluntaria en una ONG antes de volver a Monterrey para seguir impulsando un negocio que había empezado tiempo atrás. Sin embargo, mis planes concretos y bien pensados no dieron (en lo más mínimo) el resultado que visualicé.

Amor asiático

Un día después de llegar a Camboya (parada previa en Bangkok) conocí a un chavo británico, al cual llamaré simplemente Diego. Atlético, guapo, extrovertido a más no poder, fiestero y muy lindo. Al ser la única del grupo que se atacó de la risa por el chiste que contó, vimos que compartíamos el mismo sentido del humor irónico y negro. Siguieron gustos similares en películas, música, deportes extremos (aunque aquí he de decir que a él lo frenaba un poco su fobia a las alturas) y descubrimos que nuestra destreza culinaria combinada se limitaba a huevos revueltos y papas a la francesa. Ah, y unos platillos de Corn Flakes con leche fría buenísimos.

"Al acercarme a los 30, me pasó lo que supongo que te ha ocurrido a ti: las noticias de mi Facebook pasaron de se de 'fiestas' a cosas como 'Luna de miel con mi marido'."

Los seis meses planeados se convirtieron en cuatro años, la mayoría de los cuales los pasamos en Camboya. Diego y yo éramos uña y mugre; no sólo vivíamos juntos, sino que salíamos juntos de viaje, a la fiesta, a los partidos de fútbol y trabajábamos juntos en la misma empresa. Además de que por fin desempeñaba mi carrera como psicóloga en un país donde en realidad sentía que hacía una diferencia gigante en la vida de la gente y donde abundan las ONGs, juntos publicábamos las dos revistas de estilo de vida (piensa en ELLE y GQ) más populares de Camboya. Yo era la editora de las revistas y él era el director artístico. Aunque muy divertido, también era un trabajo intenso y dependíamos uno del otro en cuanto a fechas de entrega y publicación. La emoción que sentíamos cada mes cuando veíamos nuestras publicaciones en los estantes de las librerías nos unió aún más, y en las fiestas que organizábamos para promover las revistas siempre era yo la que hablaba en público mientras él se encargaba de la música. Funcionábamos tan bien como mancuerna porque nunca dejamos de estar orgullosos el uno del otro. Ahora que lo pienso, seguro ayudó mucho que ninguno era jefe del otro.

Esta etapa fue como un sueño. El trabajo de editora para las revistas tenía una ventaja maravillosa, que nos mandaran de viaje a destinos que jamás hubiera imaginado para después poder escribir sobre mis aventuras. Además, recorrí varias provincias del país para hacer reportajes sobre las condiciones laborales de las mujeres que habitaban en distintos lugares de Asia.

Durante esos años fuimos de safari a África, hicimos rafting en el Nilo, probamos el dichoso kimchi en Corea, buceamos en Borneo, acampamos en la jungla, visitamos Australia y aprendimos a andar en motocicleta. La relación se volvía cada vez más sólida y profunda, aunque eso sí, con interminables carcajadas que intercambiábamos de la mañana a la noche. ¿Qué puedo decirte? Sentía que había encontrado a mi alma gemela, no solo la pasábamos increíble y me hacía sentir amada, sino que compartíamos la misma visión de vida; ambos queríamos el mismo futuro y sentía que por fin estaba realizando mis sueños más guajiros.

Al acercarme a los 30, me pasó lo que supongo que te ha ocurrido a ti: las fotografías en mi sección de noticias de Facebook pasaron de ser "de fiestas", a cosas como "Jacobo lavándose los dientitos", "dije que sí", "luna de miel con mi marido", "yo con mi panza de seis meses", "ya seremos cuatro" y "feliz con mi familia". En fin, todos se estaban casando, o se habían casado hacía tiempo y ya tenían hijos, aun las chavas hippies, emos, ñoñas, introvertidas, ¡todo mundo! De pronto sentí que éramos Peter Pan y Campanita en la tierra de Nunca Jamás y que me estaba perdiendo de acontecimientos importantes en la vida de mis amigas. No me interesaba mucho casarme, pero empecé a cuestionar cómo seríamos Diego y yo como una pareja con hijos.

El sueño de ser mamá

Escogí la palabra "sueño" porque fue así como empezó todo. De pronto empecé a soñar con estar embarazada y, para mi sorpresa, los sueños eran muy gratos. Ya sea por la edad, por la hormona alborotada o por ver que todas mis amigas comenzaban a tener hijos, pero ese deseo se intensificaba cada vez más. Entraba poco a poco en una crisis enorme en cuanto al "reloj biológico", que se agudizó cuando me enteré de que mi síndrome de ovario poliquístico era más grave de lo que pensaba y probablemente tendría que someterme a tratamientos hormonales para poder quedar embarazada.

No sé si te identifiques o no, pero de pronto era en lo que más pensaba, lo que más me importaba, lo que anhelaba profundamente: convertirme en mamá.

Varias amigas un tanto mayores que yo, me han dicho "a mí ya se me cuece el arroz, lo que quiero es un hijo, quedarme con mi novio o no me da igual". Si bien este tipo de pensamiento siempre me pareció absurdo, a ratos empezaba a entenderlo. Lo que yo quería, era un bebé.

Lo platicamos Diego y yo, poco a poco, y él parecía bastante entusiasmado por la idea, además de halagado porque pensé en él para ser el papá de mis hijos. Hablamos de dónde nos gustaría establecernos, cómo llamaríamos al primero (estoy convencida de que el primero será niño) y dónde nos convendría casarnos.

Varios meses después, un domingo por la tarde, se sentó junto a mí en nuestro sofá azul y me confesó que, en realidad, no estaba listo en lo más mínimo para ser padre y quería volver a su país como hombre soltero, sin compromiso alguno. Sus ojos cafés enmarcados por larguísimas pestañas se veían como los de un sapo de tanto llorar; su cuerpo temblaba y no dejaba de pedirme disculpas y decir "creo que es lo mejor". Con la nariz roja después de haber acabado con la caja de Kleenex, me dijo que estaba exhausto y que quería dormir en el sofá en lugar de nuestra cama.

Amaba a Diego, estaba convencida de que él era "el indicado" para mí; todo me decía que juntos éramos la pareja ideal y nunca más tendría que buscar a otra pareja. De un segundo para otro todo había cambiado. Estaba soltera de nuevo, partiendo de cero, tratando de evaluar qué sería lo mejor para mí en los próximos meses. Hablé con mi amiga, Re, la cual me contó su historia.

A mí me pasó igualito. Corté con un hombre con quien pensé que me iba a casar y resultó ser un cobarde. Mucho, pero mucho tiempo la pasé muy mal, pensé que me iba a quedar sola, sin pareja, sin ser mamá en ningún momento. Todo el proceso tardó más de lo que pensaba, pero al fin encontré al hombre más valiente de todos, al que estaba dispuesto a formar una familia conmigo y a ser una verdadera pareja. La verdad es que nunca pensé tener un hijo después de los 35 años, pero lo gozo muchísimo, porque es algo que he deseado durante mucho tiempo y ahora lo tengo con la mejor persona para mí.

A pesar de mi orgullo, confieso que me dieron muchísimas ganas de quedarme con Diego, de renunciar a la idea de ser mamá, de implorarle que no se fuera o me llevara con él, de hacer lo que fuera y conformarme con lo que fuera con tal de seguir en esa relación, con tal de seguir al lado del hombre a quien tanto amaba. Te confieso que me sentía vieja para arrancar con el numerito de buscar una pareja nueva, tenía miedo de no poder encontrar a nadie, de no poder tener hijos en un futuro. De vez en cuando sentía gran emoción al pensar que podría salir con personas diferentes, ir a citas y tener una etapa divertida de soltera. Pero solo era de vez en cuando.

Días después de haber cortado con mi novio, alguien entró a mi casa y robó mi pasaporte. Debido a que no había consulado o embajada que me ayudara, de súbito, por cuestiones legales, tenía únicamente una semana antes de que tuvieran que mandarme de vuelta a México para tramitar un pasaporte nuevo. Empaqué todas las cosas que acumulé a través de los años y Diego me acompañó al aeropuerto. Pensar en ese día me trae, hasta la fecha, mucha nostalgia. Desde el tuk-tuk veía el polvo generado por las motocicletas en las calles ya familiares para mí, sentía caer mis lágrimas sobre mis manos mezcladas con las suyas y escuchaba la palabra "perdón" una y otra vez. Para cuando llegamos al aeropuerto, los dos estábamos hechos un verdadero desastre.

Yo no daba crédito de que me estaba despidiendo de tantas cosas de un jalón. Lloraba por la persona frente a mí, pero también por mi trabajo, mis amistades, mi forma de vida, mi libertad y hasta mi motocicleta que tanto amaba conducir por las caóticas avenidas. Miré mi documento de viaje emitido por la embajada francesa y, con absolutamente todas las fuerzas que poseía, me obligué a subir al avión.

Una soltera entre casadas

Llegando a México mis amigas me invitaron a una comida; era la única que no tenía pareja en la mesa. Lo mismo ocurrió cuando fuimos a un bar, a una carne asada, al festival de cine, al parque de Chapultepec, a un concierto, etcétera.

Los domingos eran los días más difíciles porque los planes espontáneos de amigas se habían evaporado y, si acaso, eran sustituidos por salidas a restaurantes donde estaba de mal tercio, o bien, donde ayudaba a cuidar a los hijos.

En lugar de hablar de las cosas de antes, hablaba de los pros y los contras de la educación Montessori, de las recetas de cocina, de cómo balancear trabajo y marido, de cómo sería la boda de cierta amiga y de cómo fulano le iba a dar anillo a su novia. Por más que me llenaba de gusto la satisfacción de mis amigas, en ocasiones la plática se me hacía de lo más aburrida.

Todo esto derivó en que me sintiera un tanto sola o fuera de lugar. Hasta las hermanas chicas de mis amigas ya se estaban casando y pensé que a lo mejor mi tiempo en Asia había sido un error, que si me hubiera quedado en México, al menos tendría una buena carrera y —seguro a estas alturas— ya tendría un marido.

No sé si tú hayas pasado por algo similar, pero en ocasiones llegué a sentirme como Bridget Jones en la escena donde va a cenar a casa de sus mejores amigos. Ella es la única soltera en la mesa y, después de aproximadamente cinco minutos la atiborran de preguntas. "Bridget, ¿por qué ahora hay mujeres solteras a sus 30 años? ¿Por qué no te has casado? Pero… ¿que no has pensado en encontrar ya una pareja?" Después, sus amigos intentan presentarle a galanes solteros, pero sin éxito alguno.

En mi caso, recuerdo que el marido de una amiga me dijo "lo que necesitamos hacer contigo para que dejes de añorar Asia y te acoples a la de ya a estar de vuelta es encontrarte un novio; lo malo es que de mis amigos ya no queda nadie que esté soltero".

Aquí hizo una pausa reflexiva y luego continuó con "bueno, queda José, pero es divorciado y con hijos ¿te importa?" De la manera más gentil posible, le dije que un hombre no iba a solucionar mis problemas, y que quizás en otra ocasión. Otra amiga me informó que me había metido a un club de solteros en Facebook que hacen fiestas mensuales. Aún no he ido a alguna de las reuniones.

Recuerdo perfecto el mensaje de Cris, una amiga que me escribió desde Europa:

> *Es que no puedo más. ¿Sabes? Donde tenga que ver otra noticia de embarazo o de boda siento que exploto. De por sí mis amigas ya no hablan de otra cosa y siempre estoy rodeada de bebés. Me da un poco de pena, Cas, pero, ¿sabes?, el otro día una de mis mejores amigas me dijo que está embarazada y la verdad es que lo sentí más como una pérdida de amiga que como alegría por ella. ¿Seré egoísta? Es que mi Facebook no deja de estar inundado de noticias parecidas y es en serio, ya estoy un poco hasta el tope.*

Y estos pensamientos los comparten muchas mujeres.

¡Desesperadas por casarse!

En mis ratos de ocio del primer mes de regreso en México, me dediqué a ponerme al corriente de los chismes de amigas cercanas y conocidas. Abriendo el Facebook vi la foto que posteó una amiga de la universidad. Era una de esas de estudio, donde la gente sonríe de forma tan perfecta que parece falsa. En su mano izquierda tenía un anillo de compromiso gigante. Casi me caigo de la silla: sabía perfectamente que el hombre a su lado le había dejado el ojo morado en más de una ocasión y varias veces me llamó a las cuatro de la mañana llorando histérica por no saber su paradero. No podía creer que fuera a casarse con ese hombre y que, además, quisiera presentar al mundo una imagen de absoluta felicidad.

Otra amiga planeaba su boda con un novio que tenía desde hacía rato. La relación que llevaban era mala y alcanzó a decirme "es que me da flojera empezar otra vez. Quiero mi boda, ya veré cómo arreglo la relación". Tuvo la boda de sus sueños, pero el matrimonio es malo y ha pronunciado la palabra "divorcio" más de una vez.

Vi el video de la boda de otra amiga que fue mi vecina en Tailandia. Entre unos tragos, me dijo que su novio la aburría muchísimo sexualmente hablando, pero que no se imaginaba cortar con él. Tuve la suerte de ir a su despedida de soltera, en donde vi que le puso el cuerno con dos hombres diferentes.

En una boda de un amigo de la prepa, una de las niñas más fresas del colegio me dijo "es que cuando te dan el anillo de compromiso como que ya te relajas porque sabes que ya te vas a casar y no te quedarás sola". Una amiga de Monterrey me confesó "es que el ambiente está horrible, de verdad. Salgo con las únicas amigas que tengo que son solteras y nomás parece que van a cazar lo que puedan. Está bien gacho".

Una amiga que sigue viviendo en Asia me contó que tiene dificultades para dormir porque su esposo habla entre sueños, diciendo cosas acerca de otras mujeres o los nombres de prostíbulos conocidos. Se despierta llena de paranoia, inseguridad y tristeza, pero a la hora de confrontarlo, él es evasivo y contesta que lo que dice mientras está dormido nada significa. Ella, el día de su boda, había mirado a todos los invitados, levantado los brazos, sonreído de oreja a oreja y dicho "¡ya estoy casada!"

Podría seguir escribiendo historia tras historia de este tipo, pero voy a parar aquí. Es muy posible que tú tengas más de una amiga que ha corrido al altar, sin importar que el hombre a su lado abuse de ella, la menosprecie y haga sentir insegura, le delegue una gran carga económica, no esté emocionalmente disponible, se la pase de briago sin dar señales de cambiar, no la satisfaga en la cama, o esté ahí por pura costumbre.

El fenómeno que veo una y otra vez, de ver a mujeres que considero inteligentes, trabajadoras y guapas decir "sí, acepto" y aparentar que todo es felicidad pura cuando tras puertas cerradas la realidad es otra, me motivó a escribir este libro. Me entristece decírtelo, pero en más de una boda me mordí la lengua y decidí jugar el juego de la novia. Después de todo, es su gran día y merece pasársela bien ¿no? Sin embargo, me sorprende.

Me sorprende que las ganas de casarse acaben con el valor para dejar una relación disfuncional, que la presión social lleve a mujeres de 30 años en adelante a convencerse de que es "ahora o nunca", que ya no podrán encontrar a alguien más y que más vale mal acompañada que sola.

Cuando una es más joven, de veintitantos, es normal también sentirte traumada por no tener un novio o no estar comprometida/casada cuando todas tus amigas lo están. Creo que cada mujer pasa por al menos una relación disfuncional en la vida y, si bien nos va, salimos de ella bien libradas y sin ganas de volver.

Pensé que, a mayor edad, mayor facilidad para reconocer cuándo una relación nos hace más bien que mal. Sin embargo, he observado que a mayor edad, mayor deseo de estar casada a toda costa. Mayor valor para firmar un documento que te une legalmente a otra persona para toda la vida y así poder pertenecer al club de las casadas y librarte de la presión por casarse que aqueja a las solteras.

Sé que mis palabras son duras, que no debería generalizar ya que cada cabeza es un mundo y hay muchísimos factores que es muy probable que no conozca. Cada caso es singular y complicado a su manera, pero sí puedo afirmar que me sorprendió ver a tantas amigas comprometerse con una relación poco satisfactoria ante la ley, ante Dios, ante todos los invitados de la boda y hablar maravillas del evento… pero no necesariamente de su pareja o su matrimonio.

Con esto no quiero decir que todos los matrimonios a mi alrededor son productos de la desesperación generada por la presión social, todo lo contrario. Hay amigas que me inspiran gran tranquilidad cuando hablan de su matrimonio; están felizmente casadas y, aunque hay problemas mundanos que tienen que superar con su pareja día a día, lo que me transmiten es que han encontrado a la persona ideal para ellas, alguien que las hace sentirse amadas y felices.

Cuantos más casos veo como los primeros, más disminuye mi prisa por encontrar a alguien con quién casarme y más recuerdo que lo importante es encontrar una buena pareja, alguien con quien pueda hacer mancuerna a la larga, que pueda convertirse en mi mejor amigo, que sea buen padre para nuestros hijos. En fin, creo que entiendes mi punto.

CAPÍTULO 1

¿Por qué tanta presión?

Las mujeres se casan entre los 20 y los 25 años si ellas quieren. Se casan de los 25 a los 30 si quiere su novio. Se casan de 30 en adelante si quiere Dios. —Dicho colombiano

Decir que no hay presión social por contraer matrimonio después de cierta edad (algunas comienzan a sentirlo a mediados de sus 20s, otras al rebasar los 30s) sería errado. América Latina, Asia, el Medio Oriente y África ejercen una presión casi palpable sobre las mujeres, y, aunque en Europa es menor, esto no quiere decir que no exista del todo. Pero, ¿de dónde proviene tanta presión?

Veamos. Hace unas décadas, los roles sociales que prevalecían eran mucho más rígidos, definidos y claros. Se esperaba que los hombres fueran exitosos en el trabajo para poder proveer lo necesario a su familia, mientras se esperaba que la mujer cuidara de los niños, administrara el hogar y preparara la comida a diario. Antes las mujeres no asistían a la Universidad, no tenían carreras laborales y en absoluto poseían los mismos derechos de los cuales gozamos hoy en día; convertirse en amas de casa no era una decisión consciente, simplemente así funcionaba la sociedad.

Para la vasta mayoría de las mujeres encontrar a un hombre con buen trabajo era, a fin de cuentas, una forma de asegurar su futuro.

Esto implicaba dos cosas: primera, las mujeres veían el matrimonio como una meta, algo por lo que tenían que esforzarse mucho si querían gozar de un futuro libre de críticas sociales y preocupaciones financieras. Segunda, las mujeres solían verse obligadas a competir entre ellas para ver quién se quedaba con el soltero más codiciado de la ciudad. Bajo estas circunstancias, es natural que el matrimonio se tratara en realidad más de un acuerdo mutuo entre dos personas, con roles bien definidos, que de una demostración del amor profundo entre dos seres. En varios de los casos, el amor llegaba después de haberse casado, no al revés.

"Para la vasta mayoría de las mujeres encontrar a un hombre con buen trabajo era, a fin de cuentas, una forma de asegurar su futuro."

Las frases que las mujeres solemos escuchar —como "tienes que encontrar un hombre bueno", "tienes que *conseguir* un buen partido", "tienes que vestir bien para que se fijen en ti", "deberías pensar en casarte a una edad joven", " tienes que buscar a alguien que pueda mantenerte"— vienen de esta etapa de nuestra historia, cuando una de las mayores preocupaciones de los padres era que sus hijas se casaran con alguien de buena familia y con buena profesión; así ellas se asegurarían un futuro estable y, de ser posible, encontrarían la felicidad. Si una hija no había encontrado un marido a cierta edad, a los papás los invadía la preocupación —¡con justa razón!— por sus perspectivas pues no había manera de que ella generara ingresos por sí misma.

Es más, pensemos en la generación de nuestros padres. Muchas madres se dedican al hogar y dependen económicamente del marido; la consigna parecía ser que una carrera se estudia para tener algo que hacer mientras encuentras marido o que el trabajo se deja una vez que llegan los niños. Este esquema social puede hacernos pensar desde pequeñas que, aunque nos graduemos con éxito, quizá no ejerzamos nuestra profesión por mucho tiempo; entonces, no vale la pena poner mucho énfasis en la carrera pero sí en casarnos con alguien que tenga estabilidad profesional.

Vamos a actualizarnos

Toda mujer tiene en su corazón a una versión de ella misma que está casada, con una casa linda, dos hijos divinos y un perro. —Danu

Ciertamente, nuestra situación ha evolucionado en grado drástico. Hoy ya no es una locura postergar el matrimonio hasta después de los 30s por elección, tampoco lo es dedicarte a tu carrera en lugar de tu hogar. El divorcio es menos escandaloso y ser una mamá que trabaja a la par de criar a sus niños es aceptado. En muchos lugares del mundo es normal vivir con alguien antes de casarte, incluso tener hijos con tu pareja y mantenerte en unión libre sin planes de contraer matrimonio. Hay mujeres que eligen adoptar o utilizar inseminación artificial. Que deciden no tener hijos y no casarse. Que se casan con mujeres. Que se casan con hombres que tienen un ingreso inferior al de ellas y eligen ser quienes trabajan mientras sus maridos se quedan en casa con los hijos. Que conocen a sus maridos gracias a sitios web para solteros, o eventos para solteros. Hay matrimonios interraciales. En fin, hay de todo.

La situación no solo ha cambiado para nosotras, los hombres también se han replanteado el tipo de esposa o pareja que quieren tener. Algunos no pueden imaginar tener a una esposa quiera trabajar, otros son completamente lo opuesto. Otros quieren que su mujer se dedique al gimnasio y al arreglo personal. Esperan que su mujer tenga un trabajo de medio tiempo cuando los hijos vayan a la primaria. Quieren una esposa que pueda pagar el 50% de los gastos de la casa. Esperan, dada la evolución de los derechos de la mujer, que su esposa sea la mujer maravilla: que trabaje, tenga un cuerpazo, cocine delicioso, cuide a los hijos y sea espectacular en la cama; ellos necesitan una buena dosis de realidad, pero esa es otra historia.

Sin importar lo que tú elijas en lo personal, la sociedad tiende a tener el mismo paradigma en cuanto al tema del matrimonio, el cual describió muy bien Shakira en su álbum *Pies descalzos*: "Las mujeres se casan siempre antes de 30, si no vestirán santos, aunque así no lo quieran". Las telenovelas de TV Azteca o Televisa, las comedias románticas, las obras de teatro de ese corte y las canciones de amor ponen un énfasis impresionante en el matrimonio, caracterizando a las mujeres solteras pasadas de cierta edad como desesperadas, locas, raras, un tanto depravadas, tristes, o excéntricas que aman a sus gatos. No importa si para ti es muy claro que tu prioridad es tu carrera, o si tu concepto sobre el matrimonio es diferente del tradicional, en algún punto tendrás que lidiar de cierta forma con la imagen internalizada de cómo crees que es la vida ideal de pareja.

Nuestros papás, mamás, amigos, amigas, hermanos, hermanas, tíos, tías, abuelos, abuelas, primos, primas, vecinos, vecinas, conocidas, conocidos, amistades de la prepa, también esperan vernos felizmente casadas y con hijos. Ver que no lo estamos puede provocar ansiedad, curiosidad, angustia o simplemente la inquietante duda de ¿cómo le va a hacer? Aunque sus palabras y sus acciones nacen del cariño, amor y preocupación que sienten por nosotros, lo que causan es una sensación de presión enorme, que genera angustia, prisa y, sobre todo, desesperación al sentir que estás en una situación que no puedes cambiar porque no depende solo de ti.

Hace poco, entre tazas de té y croissants, una amiga me confesó cómo se sentía.

> *"En realidad me siento muy feliz con mi vida. Tengo un trabajo del cual estoy orgullosa y un departamento que, aunque chiquito, es completamente mi estilo y me gusta mucho. Estoy rodeada de amigas a quienes quiero y admiro mucho, pero sobre todo con quienes me divierto bastante. Con mi familia llevo la fiesta en paz, mi hermano y yo somos muy unidos y veo a mis padres con frecuencia.*
>
> *Todo va bien hasta que en una reunión familiar me recuerdan que ya tengo 34 y se aproxima la edad en*

la que mi fertilidad empezará a disminuir. Me pongo a pensar en que ni siquiera tengo novio y que a lo mejor es muy triste no contar con alguien que me ame y me acompañe en mi día a día. De pronto, de estar perfectamente feliz con mi vida, paso a sentir una angustia tremenda y una especie de impotencia ante la situación. Salgo de las reuniones pensando que tal vez estoy haciendo las cosas mal y durante unas dos semanas me pongo a hacer todo lo posible por conocer a hombres solteros. Lo bueno es que la locura solo me dura 14 días y luego comienzo a sentirme mejor."

Esto, para mí, ilustra a la perfección la situación actual de muchísimas mujeres.

Al respecto, las siguientes son algunas frases que he escuchado en los últimos meses de parte de gente que me rodea.

No, pues al menos tú te lo tomas bien, pero es que ella sí la sufre. Digo, la entiendo, tiene 32 años y no tiene ni novio.

—Alex

Bueno ¿y tú para cuándo o qué? Pues ya vete a una de las fiestas de solteros que organizan para que puedas conocer a alguien.

—Nuria

No, pues es que pobre, es la eterna soltera del grupo.

—Sarah

Ay, no, oigan, ya me vi. Voy a ser la vieja del grupo con mil gatos en su depa y solo tendrá los sobrinos, hijos de las amigas, y así. Qué flojera.

—Liliana

Ella ya tiene muchísima prisa por ser mamá porque ya está grande, o sea, pasando los 35 ya es bien difícil, no sé por qué se esperó tanto.

—Teresa

A mi consultorio llegan muchas mujeres que se aproximan a los 40 años y quieren tener un hijo. Pusieron muchísimo énfasis en su carrera y luego, de un momento para otro, sienten que se les acaba el tiempo y quieren embarazarse de inmediato. Toma tiempo cambiar su estilo de vida y su dieta, pero a fin de cuentas sí lo logran.

—Mauricio (nutriólogo)

Ajá, es que ya ves que en Europa son bien diferentes, no les importa mucho tener familia porque son una cultura bien fría. ¡Qué horror! Aquí por suerte sí somos bien apegados a la familia.

—Claudia

A veces me pongo a pensar en ¿cuándo por fin conoceré a esa persona? ¿Cuándo va a ser el día que pueda casarme con alguien y convertirme en papá?

—Iván

No, pobre, ya se quedó.

—Emilio

*Todos los hombres quieren salir con madres solte-
ras, porque saben que están desesperadas y siempre
aflojan.*

—Antonieta

Al releer esto no puedo evitar pensar en un refrán regiomonta-
no que lo resume todo: "Chivo saltado, chivo quedado". Coin-
cidentemente esto me lo dijeron con tono de tristeza cuando se
comprometió mi hermano menor con su actual esposa.

¿Conclusión?

Queda claro que a los 18 años nuestra percepción de las mujeres mayores de 28 años es que son "rucas" y nuestro supuesto
es que tienen una vida fabulosa con un empleo glamuroso, un
esposo guapísimo, una casa divina, un auto moderno, muchísimas salidas con amigas a bares donde los Martinis son de todo
tipo de sabores y, sobre todo, solvencia económica. Al cumplir
28 años, nos topamos con que la vida tenía otros planes y en
absoluto nos encontramos en esa mítica perfección. Es más,
ahora vemos a las chavas de 18 años como escuinclas un tanto
molestas sin siquiera tantita madurez.

Vemos que algunas amigas sí han conseguido esa vida ideal
que todas pensábamos tener, otras han viajado mucho, algunas
más hacen cosas que jamás pensábamos que ocurrirían, como
convertirse en amantes de un hombre casado.

Todo esto es parte del juego de la vida y, como veremos más
adelante, la diferencia la marcará lo que tú decidas hacer con
tus circunstancias personales.

Ejercicio

Nuestra familia nuclear y nuestras amigas más cercanas siempre tendrán una gigantesca influencia en cómo vemos la vida.

1. Piensa primero en tus padres, así estén juntos o separados. ¿A los cuántos años se casaron? ¿Qué te inculcaron sobre la importancia de estar casada? ¿Cómo reaccionan ante tu soltería? ¿Parecen estar preocupados, contentos, indiferentes, orgullosos de que te valgas por ti misma, o lo tratan como una situación incomprensible? Si te presionan, ¿por qué crees que lo hacen? ¿Qué hay detrás de su preocupación o prisa?

2. Ahora plantéate las mismas preguntas pero aplicadas a tus tías, tíos, abuelas y abuelos. Tus abuelos y familiares de su generación seguramente te repetirán que para tu edad ya tenían al menos tres hijos y no entienden cómo funciona la sociedad de hoy, lo cual es válido. Lo que quiero es que te percates de cómo se transmiten las creencias familiares de generación en generación. Aunque cambiemos ligeramente y adaptemos esas creencias a nuestras experiencias de vida actuales, forman parte fundamental de cómo vemos el mundo y qué esperamos de él.

3. Haz lo mismo con tu círculo de amigas más cercanas. ¿Te sientes muy diferente de las demás? ¿Sientes que están preocupadas porque sigas soltera? ¿Te presentan a diferentes chavos o prefieren no mencionar el tema? ¿Has recibido indirectas que te

hicieron sentir mal? Cuando estás en una reunión de puros casados, ¿sientes que será difícil encontrar a un hombre? ¿Con qué frecuencia tocas el tema del matrimonio con tus amigas? El ser de las pocas, o bien, la única que no se ha casado ¿hace que quieras convivir mucho menos con ellas para evitar estar rodeada de esa realidad? Si tienes más amigas solteras, ¿sientes que están desesperadas por encontrar un marido?

4. Por último, piensa en qué escuchas constantemente. Esto es, ¿cuáles son los mensajes ocultos tras las palabras de quienes te rodean con más frecuencia? ¿Cómo crees que influyen en ti?

Recientemente viví dos situaciones que ilustran lo mucho que influye nuestro contexto en cómo percibimos la realidad. En la primera, estaba en una reunión con amigas de la prepa. Cuando, inevitablemente, surgió el tema de las bodas, las dos que no se han casado prepararon una lista de quiénes faltaban de casarse de la prepa. "Es que si se casa Georgina antes que yo de verdad muero. O sea, ahí sí ya sería el colmo", le decía una a la otra. "Sí, claro, imagínate, ya hasta Ximena está casada y tiene un bebé, no puede ser." La otra situación surgió platicando con la mamá de una amiga mía. Ella contaba que cuando ve a sus amigas, hablan de cuántos nietos tienen y lo maravillosos que son.

En efecto, no solo sentimos presión nosotras para casarnos, sino también nuestras mamás para convertirse en abuelas, poder presumir fotos de nietos y hablar de la maravillosa familia que han formado sus hijos. Preguntas como "¿y tu hija para cuándo?" pueden generar una sensación de angustia o de que no pertenecen al club de las abuelas y que algo hicieron mal a la hora de criar a sus hijas.

Considera cómo en ambos casos se tiene la sensación de que "todas menos yo" han hecho algo, lo cual duplica la presión y amplifica las ganas de pertenecer a ese club. No digo que seas borrega o carezcas de identidad propia. Más bien, quiero que te des cuenta de todos queremos encontrar un sentido de pertenencia, o de encajar (por algo siempre nos rodeamos de personas que "nos entienden") y que el sentirte diferente puede ser incómodo.

Esto no ocurre únicamente con el matrimonio, sino también con otro tipo de cosas, como el tipo de automóvil que manejamos, dónde y cómo vivimos, el nivel de educación que tenemos, qué tanto viajamos, entre otras. Aclaro aquí que hay grupos sociales en los que para una mujer inteligente el matrimonio debería de ser lo último en la lista, ya que el trabajo viene primero. En estos casos tal vez desde pequeña se le hizo hincapié en que el valor más importante es la inteligencia, no la familia.

Las presiones externas creadas por factores sociales, económicos y culturales, aunadas a las presiones de nuestro grupo social inmediato y las expectativas individuales sobre la propia vida nos llevan al siguiente tema: qué pasa cuando invade la prisa y desesperación por casarte.

CAPÍTULO 2

¡Desesperada!

He salido a citas desde los 15 años. Estoy exhausta. ¿Dónde está? —Charlotte, *Sexo en la ciudad*

E n esta sección del libro, quiero que seas completamente honesta, tomando en cuenta que el propósito de lo que harás a continuación es divertirte, no juzgarte. A continuación, pon una paloma al lado de las frases con las cuales te identificas sin pensarlo o analizarlo demasiado.

___ Sientes que tus amigas están hartas de tus quejas sobre tu soltería.

___ Te ligas a hombres que en realidad no cumplen tus estándares porque crees que tienes suerte de que alguien se fije en ti.

___ Si tienes novio, lo presionas mucho para que se casen, al grado que el tema se vuelve discusión de cada fin de semana.

___ Cuando un chavo soltero te añade a Facebook te dedicas a ver todas sus fotos y analizar sus hobbies para determinar el nivel de compatibilidad de ambos.

— Empiezas a pensar que después de todo no estaría nada mal salir con un viudo o un divorciado.

— Tus rezos incluyen la frase "por favor, Dios, quiero conocer a mi futuro marido".

— Cuando tus amigas te preguntan sobre tu relación, siempre dices que va de maravilla sin importar lo que en realidad esté pasando.

— No te limitas a Tinder, tienes todo tipo de apps para solteros.

— Cuando sales te pones la ropa más pegada y reveladora posible. ¡Hay que enseñar para seducir!

— Te llegan destellos de certeza en los que afirmas que "ya se te fue el tren".

— Sientes que no casarte sería un fracaso inmenso en tu vida.

— La primera vez que sales con alguien lo interrogas acerca de su ingreso, su trabajo, su casa y cuántos hijos quiere tener.

— Uno de tus mayores miedos es quedarte sola o divorciarte.

— Al menos una vez a la semana mandas fotos de mujeres viejas rodeadas de gatos a tu grupo de WhatsApp en son de broma.

— Has mentido sobre tu carrera y tu edad para hacerte la interesante con alguien.

— Las bodas se han vuelto un lugar perfecto para conocer a tu futuro príncipe.

— Lo primero que haces al entrar a un antro, bar o restaurante es escanear a los hombres presentes y asesorar las posibilidades de ligue.

— Durante el último mes te has quedado en casa al menos un viernes en la noche, junto con una caja de kleenex, comedias románticas y una botella de vino.

— A menudo comparas tu vida con la de las amigas que te rodean.

— Suspiras siempre al ver a mujeres con carriolas paseando por la calle.

— Ya saliste con todos los amigos de tus amigas. Con los primos también.

— Te das un ultimátum. Si no te casas para cierta edad, te mudas de país y adoptas a dos niños y tres perros.

— Tu Instagram y Facebook están llenas de fotos sexys. Ya le prohibiste a tus amigas subir fotos donde no salgas preciosa.

— Te arreglas hasta para ir al súper.

— En lugar de sentir gusto por tus amigas que se acaban de comprometer, sientes envidia y resentimiento. Es más, esas pláticas ya te dan la flojera del mundo.

— Cuando alguien se muestra interesado en ti, sientes euforia y alivio.

Si te identificas con al menos la mitad de los enunciados, entonces eres una mujer en estado de desesperación. Te aterra pensar en quedarte sola y sientes que el tiempo ya se te vino encima. Intentas todo lo posible por encontrar a un hombre y te preocupa cómo perciben tu soltería desde afuera.

Es muy probable que tu autoestima, así como tu estado de ánimo, suba y baje dependiendo de cuánta atención recibas del sexo opuesto. Sin lugar a dudas, tu prioridad más urgente es amarrar a un hombre.

Entonces, con más razón, ¡sigue leyendo!

El peligro del miedo

Piensa en una amiga tuya que está desesperada. ¿Es atractiva su actitud? No. ¿Los hombres encuentran atractiva su actitud? Seguramente no. ¿Admiras cómo está lidiando con su situación sentimental? De nuevo, no. ¿Te parece que tu amiga tiene alta autoestima? Para nada. ¿Qué tantas ganas te dan de salir con ella y escucharla quejarse de su situación sentimental? Muy pocas, ¿verdad?

"Es muy probable que tu autoestima, así como tu estado de ánimo, suba y baje según cuánta atención recibas del sexo opuesto."

Ahora, piensa en qué es lo que proyectas cuando buscas una relación desde el miedo de quedarte sola. Muy probable es que proyectes desesperación, falta de independencia, baja autoestima, prisa, pavor de ser rechazada, necesidad de aprobación, deseo de controlar la situación a toda costa y ganas de complacer.

Te compartiré algunas anécdotas que viví hace poco y realmente me hicieron pensar.

En Monterrey, conocí a un chavo en un bar. Se me acercó para pedirme mi teléfono y yo, que recién salía de una relación de mucho tiempo y no tenía ganas de estar con alguien, le di un número equivocado. Una semana después lo vi en un café, donde volvió a pedirme mi número. Se lo di y me marcó 20 minutos después. "¿Qué tal que voy a tu casa para un café?", me sugirió. "¿Qué tal que mejor me llevas al cine el viernes?", sugerí yo, pensando para mí "el cine es la estrategia perfecta. No hablas de nada y saliendo de la película puedes discutir qué te pareció".

Acordé verlo en una plaza y él me sorprendió con que ya había comprado los boletos para una película que –para mi pánico total– empezaba hora y media después. Sonrió y me dijo que así al menos tendríamos tiempo para conocernos mientras tomábamos un café. En pocas palabras, mi plan macabro había fracasado.

Mientras me concentraba por completo en mezclar perfectamente mi sobre de Splenda con el café y trataba de evadir su mirada persistente y profunda, empezamos a conversar. Te prometo que no exagero en lo más mínimo, ¡en verdad así fue!

Él: ¿Cuántos años tienes?

Yo: 25.

Él: OK. Supongo que ya estás pensando en casarte ¿no?

Yo: Pues….

Él: Porque quiero decirte algo muy importante. Conmigo no vas a perder el tiempo para nada. Soy el menor de mis hermanos y el único que no se ha casado; me quiero casar pronto, estoy buscando algo serio y ya le conté a mi mamá que te conocí.

Yo (*ceja alzada, risa nerviosa*): Bueno, y ¿cuántos años tienes?

Él: Ya casi 30. ¿Sabes? Me gustas mucho, de verdad. ¿Cuántos hijos quieres tener?

Yo (*pensando "ahora sí lo voy a asustar"*): Quiero cuatro, sin duda, o a lo mejor más. Amo las familias grandes.

Él (*sonríe entusiasmado*): ¡Perfecto! A mí me encantaría tener una familia grande también. Tú y yo nos parecemos (*señala con sonrisa traviesa sus pecas y las mías*), creo que nuestros hijos saldrían guapos. Qué raro que no hayas pensado en casarte antes, ¿qué signo eres?

Yo (*empezando a pensar que a lo mejor todo era una broma*): Libra.

Él: Creo que Libra y Sagitario son compatibles para el matrimonio.

Yo: Con permiso. Voy al baño.

…Después de la película…

Él: Oye, pues como te decía, conmigo no perderás el tiempo, estoy listo para algo serio. ¿Qué te parece si me acompañas con mi familia a misa el domingo y luego a una carne asada? Así por fin conoces a mi mamá y mis hermanos. Dios quiera que sigamos juntos en unos meses y vas conmigo a la boda de mi hermana.

Yo (*completamente abrumada, sintiéndome atrapada y muy sorprendida con la franqueza de este hombre*): Mira, la verdad es que no nos conocemos en absoluto. Resulta que soy vegetariana y no estoy tan desesperada por casarme. Acabo de salir de una relación larga y la verdad es que te veo muy enfocado en tu objetivo y no quiero hacerte perder el tiempo. Muchas gracias por la salida, pero creo que será mejor que me vaya.

Caminé a mi auto y manejé lo más rápido posible a casa porque moría de ganas de contarles todo a mis amigos, no podía creerlo. Un mes después nos topamos en un bar, pero no quiso saludarme.

Solía pensar que el fenómeno de prisa y desesperación era exclusivo de las mujeres, pero una que otra conversación me hicieron ver que los hombres también entran en crisis. A lo mejor a más edad y quizá no todos, pero ciertamente varios pasan por lo mismo.

Más adelante, en una fiesta de una querida amiga mía empecé a platicar con un hombre de rizos oscuros, ojos inquietos, camisa de manga larga y jeans ajustados.

Él: ¿Y qué onda? ¿A qué te dedicas?

Yo: Soy psicóloga. ¿Tú?

Él: Mercadotecnia. ¿Te gusta tu trabajo? ¿Te va bien?

Yo (*preguntándome si acaso me preguntaría de cuánto era mi quincena*): Sí, me encanta, por supuesto.

Él: Oye, creo que te vi en la boda de Juliana; estuvo padrísima ¿a poco no? (*cambia a un tono de voz de preocupación*) ¿Tú no te has casado?

Yo: No, la verdad aún no me ha tocado.

Él: Ah, ¿y no te gustaría o qué?

Yo: Claro que me gustaría, solo que aún no pasa.

Él (*con tono un tanto incrédulo*): Ah… OK.

Gracias al cielo llegó una amiga y se unió a la plática, pero me quedé con la sensación de que me habían interrogado con el fin de ver si encajaba dentro de cierto perfil. Pienso que quería averiguar por qué no me había casado para saber qué era lo que me faltaba, qué no funcionaba para que ningún hombre me hubiera propuesto matrimonio. Cuando le dije a un amigo mío que sentía que salir a una cita era salir a que me interrogara un hombre para llenar un formulario mental en lugar de dejar que las cosas fluyeran, me respondió sencillamente "pues sí, supongo que pasando cierta edad ya te pones a pensar y no quieres perder tanto el tiempo".

Tengo una última historia que compartirte. Esta sucedió en el DF con un hombre bastante mayor que yo.

> De nuevo, con mi supuesta astucia, sugerí ir al cine y, de nuevo, accedió a ir al cine si antes de entrar tomábamos un café "para conocernos mejor". Mientras me tomaba el vainilla latte, él se dedicó a recitarme un currículum claramente diseñado para impresionar a mujeres. Resulta que le encanta cocinar, que se considera apapachador y buena escucha, que tiene un negocio propio muy exitoso, que había meditado con monjes tibetanos, etcétera.

> Durante todo este tiempo yo no hacía más que escuchar y decir "mmmjummm" de vez en cuando. Se quería vender tanto que me pareció el hombre más arrogante del planeta. El día siguiente me marcó tres veces seguidas.

> Como no le contesté, me mandó un mensaje de texto y dos correos preguntándome por qué no contestaba sus llamadas y mensajes. Me sentí saturada y absolutamente sin ganas de volver a salir con él.

En cada una de estas situaciones, detesté sentirme tan evaluada de buenas a primeras. No me gustó que me hablaran de matrimonio antes de siquiera conocerme porque eso me hizo pensar que su único interés era no ser los solteros de su grupo, no yo o mi punto de vista sobre las cosas.

Además, que me dieran una lista de sus mejores cualidades como si fuera lista de súper me hizo verlos como inseguros y no como buenos partidos.

Después de todo, si necesitas esforzarte tanto por venderte, seguro es porque crees que no lograrías interesarme siendo tú mismo sin tener que presumir.

Cada uno de estos hombres actuaba desde el miedo, la inseguridad y la desesperación. Cuando actúas así, llevada por la desesperación por encontrar marido y el miedo a quedarte sola, causas el mismo efecto de repulsión en los hombres. Abres la puerta para que se percaten de que harás lo que sea con tal de asegurarte una relación o un marido, y desvaneces todo tipo de misterio, intriga y enigma que pudiera rodearte.

Una chica desesperada da la impresión de que toda su vida gira alrededor de un hombre. Una mujer muy desesperada pondrá la primera relación en la que se encuentre dentro de una olla de presión para acelerar la llegada al altar. Pero, sobre todo, una mujer desesperada se olvida de ver al hombre que tiene enfrente, ya que para ella es solo un candidato que deberá cumplir con los requisitos mínimos para obtener el puesto.

En cambio, una mujer que actúa desde su poder es por completo diferente. Una mujer empoderada interactúa con los hombres fortalecida por su autoconfianza. Una mujer segura de sí misma sabe lo que quiere y no se conforma con menos.

Este tipo de mujer busca una relación porque quiere compartir su vida con otro, no porque necesita estar con otro. Y quien está segura de sí misma no cuelga todas sus esperanzas financieras en un hombre.

Veamos un cuadro comparativo para que ubiques dónde estás.

Desesperada	Segura
• Te preocupas porque no sabes quién se encargará de ti financieramente en un futuro.	• Tienes tus finanzas en orden. Tienes tus propias aspiraciones laborales, sin depender de un hombre.
• Te enfocas en lo triste que te hace sentir no tener un marido.	• Te enfocas en pasártela bien con quien sea que salgas.
• Te aseguras de que los hombres sepan que estás disponible y no quieres perder el tiempo	• Tú –y no un hombre– eres tu prioridad. Si estás ocupada, no dudas en cancelar una cita.
• Lo que más quieres saber de un hombre es si está listo para casarse.	• Te centras en evaluar si es la relación adecuada para ti.
• Desechas toda tu vida en el instante en que un hombre muestra interés.	• Aunque la relación se esté poniendo seria, sigues saliendo con tus amigas y realizando tus actividades favoritas.
• Sientes que no tienes pareja porque no eres lo suficientemente atractiva para mantener la atención de un hombre.	• Sientes que si no tienes pareja es solo porque ninguno de los hombres que has conocido está a la altura de tus estándares.

Grandes diferencias, que causan un tremendo impacto en nuestra manera de ver la vida y de disfrutarla, ¿no crees?

Más historias reales

Antes de que veamos más características de una mujer que actúa desde su seguridad y su deseo de encontrar la mejor relación para ella misma, quiero compartirte otras breves historias reales que ilustran los precios que podríamos pagar por actuar desde la desesperación y la prisa.

Él era un joven revolucionario con rígidas ideas progresistas acerca de cómo debería ser la política en México. Lo amaba muchísimo, ver cómo una luz interna se encendía cada vez que hablaba de sus ideas y sus proyectos me parecía de lo más seductor. Me recuerdo sentada a su lado mientras me leía textos de los cuales muy poco se me grababa; en realidad, lo que más se grabó en mi ser fue el tono de su voz.

El círculo social en el cual se desenvolvía mezclaba las charlas recreativas dominicales con buenas dosis de cocaína, marihuana y LSD. En un principio lo toleraba y pensaba que, cuando se diera cuenta del amor de esta mujer a su lado, no tendría por qué pensar más en las drogas, no las necesitaría ya.

Tras una fiesta de fin de semana, me entristeció ver que, una vez más, había consumido drogas. Peleamos y, entre lágrimas, me dijo que no quería perderme, que no quería estar solo. Esa noche me propuso matrimonio y, apenas 24 horas después, nos casamos por el civil. Yo sabía que estaba cometiendo un error, pero tampoco quería quedarme sola y confiaba en que podría hacerlo cambiar.

El matrimonio duró cerca de dos años, dos años llenos de dolorosos altibajos. Dos años de dudas tormentosas que me mantenían despierta por la noche. Por fin, a mis 29 años, le pedí el divorcio. Fui a terapia durante unos años, proceso en el que trabajé en recuperar mi autoestima y sanarme. Tres años más tarde tenía un marido maravilloso y había nacido mi primer hijo. No me arrepiento de haberme casado con mi primer marido, pero ojalá no hubiera tenido que pasar por tanto dolor para aprender la lección.

—Luz, 41

Te identifiques o no con los elementos más extremos de esta historia, es importante compartirla porque es un buen ejemplo de cómo las mujeres somos capaces de tomar decisiones que, muy en el fondo de nuestro ser, sabemos que no nos harán bien. A veces nuestro miedo es tan fuerte, que preferimos hacernos de la vista gorda y clavar la cabeza en la tierra como el avestruz repitiendo el mantra interno de "no veo, por lo tanto seguro no está pasando realmente". Sin embargo, si en algún momento sientes un profundo deseo de encontrar paz y felicidad interior, tendrás que sacar la cabeza de esa tierra y lidiar, de una u otra forma, con las consecuencias de tu decisión. En el caso de Luz, tal vez postergar lidiar con la realidad de su situación le resultó más doloroso de lo que hubiera sido terminar la relación antes de casarse. Pasar por un divorcio conlleva mucho estrés y dolor, además de un fuerte estigma social.

Julieta y yo vivimos juntas durante la universidad. Era una de las chavas más fiesteras que había conocido. Su largo cabello cambiaba de color dependiendo del humor que trajera ese mes, lo mismo que el color de sus uñas y el tamaño de sus pestañas postizas.

Pocas veces hablaba de su familia, pero sabía que sus padres eran estrictos y nunca habrían aprobado sus hábitos antreros; por suerte, ellos vivían en el sur del país mientras ella estudiaba en el norte.

Tras graduarnos le perdí un poco la pista, pero supe que se iba a casar con un canadiense que conoció en una fiesta de spring break en el Paladium de Acapulco. Me contó brevemente que después de conocerse, hablaron mucho por teléfono durante seis meses y ella fue a visitarlo una vez. Sentí en el fondo de mí una mezcla de sorpresa y envidia. ¡Si ha de ser verdad eso del amor profundo a primera vista!

La boda se celebró en el sur de México y fue completamente lo opuesto a lo que me esperaba. No podía creer que Julieta estuviera tan tapada, se portara tan conservadora y tuviera una misa tan larga siendo que su novio no entendía una pizca de español. Parecía que la boda nada tenía que ver con ella. En la mesa atrás de mí estaba sentado su hermano, quien no parecía estar de lo más feliz y en repetidas ocasiones dijo "es que solo lo hace para irse de aquí".

Julieta se mudó a un pueblito en las afueras de Toronto y tuvo una hija en su primer año de casada. El segundo año fue diferente. Ella y su marido se *divorciaron, reconociendo que tenían muy poco en común y que separarse sería lo más sano.*

—*Amaranta, 35*

Como la historia que nos comparte Amaranta hay miles. Muchas mujeres se casan por razones tan disímbolas como las siguientes:

- ⚜ Por estar casadas
- ⚜ Por alejarse de padres controladores e independizarse
- ⚜ Por mudarse a otro país
- ⚜ Por dejarle la carga económica a alguien más
- ⚜ Por no ser la soltera de su bolita
- ⚜ Por tener un hijo a como dé lugar
- ⚜ Por finalmente vestirse de blanco
- ⚜ Para poder acostarse con alguien
- ⚜ Para sentirse princesa por un día
- ⚜ Para obtener un estatus y para obtener compañía vitalicia

Aunque podría representar una solución temporal, actuar así es como ponerle una bandita a una herida que lo que requiere es la intervención de un cirujano. ¿Por qué digo esto? Porque todas estas razones surgen del miedo o de querer huir de una realidad. Ninguna se basa en el amor, un proyecto de vida compartido, valores en común o una amistad profunda. Es como si no quisieras resolver los problemas de raíz, como cuando alguien baja de peso con pastillas que queman grasa en lugar de cambiar sus hábitos alimenticios y olvidarse del ritual de Dominos los martes por la noche.

Ejercicio

De nuevo te pido que seas completamente honesta en esta sección. No se trata de enjuiciarte, sino de observar lo que ocurre en ti. Contesta las siguientes preguntas de la manera más sencilla posible.

1. ¿Qué cosas específicas te han ocurrido que han provocado que te sientas desesperada?

2. ¿Qué es algo que sueles hacer cuando estás desesperada con tu situación sentimental? (Por ejemplo, preguntarle qué sucede si tarda en contestarte un mensaje o una llamada, preguntarle repetidamente cuál es el "estatus" de la relación, hablar de matrimonio en la primera cita.)

3. ¿Alguna vez has salido con alguien que no está realmente a la altura de lo que buscas en la vida solo para no estar sola? ¿Qué ocurrió?

4. Si has salido con un chavo que está aún más interesado en casarse que tú, ¿qué te hizo sentir su comportamiento?

5. Si pudieras cambiar tu situación mágicamente, ¿cómo te gustaría sentirte en lugar de cómo te sientes ahora?

6. ¿Cuál sería el primer paso que tendrías que dar para generar ese cambio en tu vida?

Te comparto una historia final.

Alina, una chava esbelta, de tez pálida y cabello castaño, jefa de un departamento de mercadotecnia y con un inglés impecable, un día en que se sentía desesperada decidió marcarle a una amiga que vivía en el extranjero. Carolina, su amiga, le dijo que, a su parecer, los canadienses no le tienen miedo al compromiso y además son excelentes partidos. Alina, quien sentía que su sueño de casarse con un mexicano se esfumaba velozmente, decidió en ese mismo instante inscribirse a un curso de inglés de tres meses que se impartía en Toronto. Recordemos, Alina ya hablaba un inglés casi perfecto en ese momento; su motivación era meramente ver si en ese tiempo podría encontrar a alguien, enamorarse y vivir su "felices para siempre".

La desesperación puede hacer que una mujer mueva montañas y realice acciones que no son prácticas ni estratégicas. A lo mejor con esa medida Alina encuentra al amor de su vida, nunca se sabe, pero tal vez se limite a aprender un idioma que ya sabe. La decisión de ir a un país donde se rumora que los locales son buen partido no le garantiza felicidad o plenitud, simplemente estará haciendo en el extranjero lo que hace en México.

Aunque tal vez consideres exagerado el ejemplo, lo comparto contigo porque me lleva directo al siguiente tema: cómo enfocarnos en un objetivo como el matrimonio nos puede llevar a hacer cosas descabelladas con tal de lograr lo que nos proponemos. Quizá leas esto y pienses "ay no, jamás haría algo así, ella está loca", pero regresa y lee las respuestas a la pregunta número dos de los ejercicios que acabas de hacer. Las cosas pequeñas que hacemos también pueden llegar a tener grandes consecuencias.

Es posible que por ser hábitos pequeños le restes importancia, pero piensa si cuando estabas más joven y sentías que tenías el tiempo del mundo para encontrar a alguien especial, habrías actuado igual.

Toma un tiempo para digerir esto, para ver qué tanto estás comprometiendo de quien realmente eres al actuar desde este espacio.

Piensa, además, si las personas cercanas a ti hacen o han hecho algo similar, y si se trata de un patrón aprendido. Tal vez lo aprendiste de tu mamá, tus tías, tus primas, tu mejor amiga o la vecina que siempre está en tu casa. Reflexiona, por unos momentos, si la meta justifica los medios.

CAPÍTULO 3

Me cueste lo que me cueste

Ya tengo la iglesia y el salón reservados, ahora solo me falta encontrar alguien con quien casarme. —Anónimo

Una mujer en un estado emocional desesperado, como la que hemos descrito, se percibe a leguas. Es la que dedica toda su energía a ser una cazadora, la que tiene radar para hombres solteros y habla sin cesar del sexo opuesto. Por otro lado, puede presentarse como una mujer sin esperanzas, que habla en tono melancólico las 24 horas del día de lo triste que está porque seguro se quedará sola de por vida.

En otras palabras, es el tipo de mujer que invierte toda su energía en algo fuera de ella misma, que se entrega a otros, que parece portar en la frente un letrero invisible que anuncia "necesito a alguien con urgencia". No parece estar del todo cómoda consigo misma y, en definitiva, no parece estar feliz con su vida.

Una mujer desesperada como esta lanza un silencioso grito clamando ser rescatada de su realidad a toda costa. Y no solo eso, surge como la de ser una víctima de una terrible jugada del destino.

Cuando se reúnen los elementos de los que hemos hablado –desesperación por sentir cariño de otra persona, anhelo profundo de sentirte amada, desajuste psicológico entre lo que quiere tu impronta y tu realidad, aburrimiento terrible de ser la única soltera en la mesa, ansia por escuchar el tic tac de tu reloj biológico interno–, es muy fácil entrar en un círculo vicioso de malos hábitos y sentirte atraída hacia las personas equivocadas. Veamos qué sucede cuando tienes hábitos basados en pensamientos negativos.

Nuestros pensamientos causan que se liberen diferentes sustancias químicas en el cuerpo llamadas emociones, las cuales pueden ser respuestas tanto a estímulos externos como a imágenes mentales o pensamientos recurrentes. Luego vienen los sentimientos, un tipo de emoción más prolongado, usualmente acompañado de más pensamientos similares a los iniciales. Los sentimientos después se convierten en estados de ánimo que pueden durar desde un par de horas hasta un par de días. Realizamos acciones que usualmente van en función de nuestro estado de ánimo y que son diseñadas para reforzar el paradigma que desencadenó todo esta reacción.

Todo ello genera una cadena:

Pensamiento→emoción→sentimiento→estado de ánimo→acción→consecuencia→emoción

En el capítulo anterior vimos varios ejemplos de hábitos de las mujeres desesperadas que no son atractivos en absoluto para el sexo opuesto. Toma un momento para volver a leer esa sección y ver si aún realizas las mismas acciones que cuando empezaste a leer el libro. ¿Notas cómo cuando actúas desde la desesperación le entregas el poder de tu felicidad a alguien más? ¿Notas cómo hay un altísimo nivel de angustia sobre lo que los demás piensan de ti y lo que te dicen?

Ejercicio flash

Contesta las siguientes preguntas para ver qué tipo de hábitos tienes en cuanto a las relaciones.

1. ¿Tienes sexo con un hombre en seguida para intentar amarrarlo con acrobacias nocturnas?

2. Si no te manda señales de humo 24 horas después de la última vez que lo viste ¿entras en crisis y decides mandarle varios mensajes?

3. ¿En qué sueles fijarte más? ¿En qué tipo de casa tiene, qué auto maneja, cuánto parece ganar a la quincena? ¿O en cómo te trata?

4. Lo que más me importa en un hombre ahora es:

Estas preguntas son una especie de espejo en el que puedes ver con nitidez qué es lo que estás haciendo. Apuntar tus hábitos en una hoja de papel los convierte en algo real, algo que es difícil de ignorar y de lo cual no puedes esconderte. Tomar conciencia de cómo actúas en tus relaciones y afrontar tus hábitos no tiene como fin flagelarte o reprenderte; más bien, se trata de que asumas responsabilidad por tus acciones, lo cual es uno de los primeros pasos del cambio.

La angustia y las redes sociales

Hoy llevamos dos vidas, una mundana y una en el ciberespacio. Podemos manipular nuestra imagen en la web como se nos dé la gana y aparentar tener una vida fabulosa mediante una selección de fotografías pensadas meticulosamente. Nuestras interacciones también han pasado a dos planos diferentes, uno de ellos con varios tipos de plataformas. Si bien esto ha sido un gran avance en muchos aspectos, estoy segura de que las redes sociales son un arma de doble filo.

"Quizá pases de jugar Candy Crush a jugar a encontrar solteros con tu teléfono mientras estás en el baño, en la cocina, en el banco, en el cine, en el trabajo, en el aeropuerto, en un bar, o en casa de tus papás un domingo por la tarde."

Aun en las mejores circunstancias existe la angustia de la prerrelación. ¿A qué me refiero? A esa parte de la relación en la que sabes que le interesas al chavo, pero no estás segura de a qué grado le gustas. Esa parte en la que cada vez que escuchas el timbre del teléfono das un pequeño salto de emoción al pensar que tal vez el mensaje venga de él y luego sientes una pizca de angustia al darte cuenta de que es tu hermana que te pide prestado un vestido. "¿Por qué no me escribe?", te preguntas.

Las mujeres tendemos a dejarnos llevar por una imaginación casi sin límites. Amamos analizar y desmenuzar cada situación para poder entender a cabalidad qué ocurre y por qué. En la era digital, en esta era en la que puedes ver si ya vio tu mensaje o no, si estuvo en línea pero decidió no ver tu mensaje o si no ha estado en línea durante horas, esto puede ser un peligro.

Parte del peligro viene cuando, aunque el chico no te guste del todo, este juego de los mensajes se convierte más en un rollo de ego que en una manifestación de amor. Dicho en las palabras de mi amiga Rita:

> *Él no me gusta mucho. En realidad, digamos que me gusta en grado mediano, pero si veo que ha leído mi mensaje y durante mucho tiempo no me ha contestado, me da mucho coraje y hiere mi orgullo. A pesar de no gustarme tanto estoy necia con encontrar una forma de seguir conversando con él.*

Ahora, añadamos a la ecuación el factor desesperación y todo se magnifica. Si todas tus esperanzas están puestas en la persona que conociste anteayer, quien te dijo que te llamaría y no lo ha hecho, seguro estarás junto al teléfono, analizando durante horas por qué no te ha saludado si los dos están en Facebook chat al mismo tiempo y es evidente que quieren platicar. Quizá sientas ganas de mandarle un mensaje vía Snapchat o WhatsApp, ya que en Facebook no te contesta. Si eso falla, puedes pensar en mandarle un correo con alguna cadena de chistes o algo así. En fin, lo que sea con tal de tener algo de interacción con el susodicho.

Permanecer atenta al teléfono cuando lo que más tienes en la cabeza es encontrar a un hombre se vuelve un vicio destructivo a una velocidad alarmante. Si además tienes apps como Tinder, entrarás en una especie de *modus operandi* semiautomático. Veamos otra vez las confesiones de Rita:

> *Es que cuando encontraba a alguien que me caía bien o me interesaba mucho, no se me ocurría nada nuevo que decirle. En realidad, sostenía con él las mismas conversaciones que con los demás chicos que no me interesaban tanto. No sé, se volvió algo mecánico y al final terminé por desinstalar el app.*

Asimismo, las apps de este tipo pueden volverse impresionantemente adictivas. Quizá pases de jugar Candy Crush a jugar a encontrar solteros con tu teléfono mientras estás en el baño, en la cocina, en el banco, en el cine, en el trabajo, en el aeropuerto, en un bar, o en casa de tus papás un domingo por la tarde. En efecto, puede resultar súper divertido y acariciarte mucho el ego, haciendo que oscilles entre sentirte la mujer más popular de tu colonia porque muchísimos chicos te mandan mensajes y sentirte la mujer más sola porque en realidad no son más que palabras en un teléfono con bajas probabilidades de convertirse en algo más. Estos altibajos de la euforia a la desesperación pueden ser muy intensos.

Antes, conocer bien a una persona involucraba una llamada telefónica a tu casa para invitarte a salir y platicar. Hoy implica una conversación a medias a través de mensajes de texto (o puros emojis), un intercambio de fotos y, si tienes suerte, un encuentro en persona. Cuanto más conectados estamos cibernéticamente, más nos invade la pereza de hacer conexiones profundas en la vida real y, a su vez, más se conforman las mujeres con que los hombres hagan un mínimo de esfuerzo.

Aunque insista en la gran importancia de tener una vida fuera de tu teléfono, entiendo lo que es ser adicta a ver la pantalla de tu celular cada tres minutos. Al principio me emocionaba mucho cuando alguien me mandaba un mensaje de texto, me daba un like en mi Facebook o incluso me mandaba un mensaje de voz por WhatsApp. Me sentía popular porque tenía que contestarle a varias personas en diferentes plataformas, desde WhatsApp hasta Tinder. De pronto pasé a destinar una buena parte del día a responder e interactuar con extraños o con personas que había conocido en fiestas o algún evento social. Esto era raro en mí, puesto que en realidad detesto estar tan pendiente del celular, y no tengo Twitter ni Instagram. Te confieso que hasta llegué a sentir un poco de orgullo de mí misma; después de todo, nunca fui el tipo de chava coqueta, sino que siempre había tenido un novio serio a mi lado. Después de un rato, comencé a hartarme. Dos semanas después de cerrar el Tinder leí un libro llamado *In Real Life,* de Nev Schulman, el cual me hizo despertar mucho pues confronta a los lectores con cómo utilizamos Internet para escapar de todo lo que implica (responsabilidad, compromiso, vulnerabilidad) el llevarnos cara a cara con otra persona. Tras leer ese libro caí en cuenta de que realmente me estaba conformando con el menor esfuerzo posible de alguien más. El mensaje de texto que tanto me emocionaba pudo haberse enviado en 10 segundos mientras el chavo estaba en calzones, en el sillón viendo la tele, parado en el semáforo, en el baño, en fin. Me percaté de que probablemente yo era una mujer más en una lista infinita y en constante evolución de posibles prospectos.

Una tarde, uno de mis mejores amigos, con quien tengo una relación muy sincera, me enseñó su historial de chats con chavas que le gustaban. Sin pena alguna me mostró cómo escribía un mismo mensaje y lo enviaba a cinco mujeres diferentes. De pronto se evaporó por completo mi ilusión de popularidad cibernética y comencé a buscar algo diferente. No pretendo decirte que dejes tu vida en red, pero sí que la vida en la red no es la misma que la vida fuera de ella. Cientos de amigos anónimos en tu teléfono en realidad no son más que eso.

"Cuanto más conectados estamos cibernéticamente, más nos invade la pereza de hacer conexiones profundas en la vida real"

El problema es no cobrar conciencia de esto. Tomamos el mínimo esfuerzo de parte de un hombre como una máxima expresión de afecto e interés. Las personas no solo se esfuerzan menos, sino que la venta de tiempo para en verdad atraer la atención de alguien es muy pequeña. Los hombres parecen haber olvidado por completo sus modales en lo que a cortejo telefónico se refiere y las mujeres parecen aceptarlo, o al menos aceptarlo en cierto grado. ¿A qué me refiero? A que muchas veces puedes sentir presión por revelar cosas que no quisieras con tal de no arriesgarte a que la persona no te hable más. Esto puede incluir mandar fotos muy atrevidas a alguien que casi no conoces —si lo vas a hacer, por el amor de Dios, asegúrate de que no salga tu cara; nunca sabes dónde acabará esa foto—, revelar historias muy íntimas o mandar videos que en realidad no quisieras compartir. Conozco a personas que hacen todo este tipo de cosas estando plenamente conscientes de que se trata de una especie de juego, una gratificación inmediata que rara vez trascenderá como algo más. Por otro lado, he visto a mujeres que azotan fuertemente el teléfono contra la pared porque se percatan de que el hombre con quien chateaban no quería nada serio y se sienten utilizadas.

Un último comentario sobre todo esto: si pasas mucho tiempo charlando con desconocidos es fundamental que te asegures de que sean quienes dicen ser. Desafortunadamente, el robo de identidad o el hacerse pasar por alguien más es algo muy común. ¿Cómo te sentirías al saber que el guapo modelo de las fotos que maneja un Audi es en realidad un hombre mayor que está deprimido y encuentra placer en platicar con niñas bonitas y hacerse pasar por otro?

Si actúas solo desde la presión o la desesperación, la vida en línea puede volverse un vicio tremendo que requerirá un cúmulo de energía —y tiempo— y te resultará desgastante a la larga. Si, en cambio, actúas a partir de la confianza en ti misma y algo de desapego a las redes, podrás mantenerla como un pasatiempo divertido que no te mantiene junto al teléfono ni obsesionada con descifrar cada palabra dicha por esa otra persona. Reitero que a estas alturas del partido no tener interacción a través de tu teléfono es casi imposible; lo que importa es cómo decides manejarlo, cuánto tiempo quieres dedicarle, y qué tanto crees conveniente clavarte en relaciones que no se manifiestan en tu vida cotidiana.

Antes de seguir, cabe aclarar que todas tenemos nuestros momentos de torpeza cibernética, como esos mensajes de texto en los que crees que te muestras graciosa y tierna a la vez, pero que al releerlos descubres que el asunto fue patético. De igual forma, hay estilos de mensajes incompatibles. Lo peor es cuando intentan empatar a una persona a quien le encanta escribir con alguien que es un telégrafo humano. El segundo se siente abrumado por tanto rollo y la primera, frustrada cuando la respuesta consiste en dos palabras. Otro ejemplo común es cuando una persona tiene una ortografía impecable mientras que la segunda persona manda algo como "k ondaaaaaa haber si ns vemos mañana oki?" Clara señal de que las cosas no van bien. Todas pasamos por esos momentos incómodos, pero no toda mujer elige estar enganchada con su teléfono la mayor parte del día.

Si alguien realmente te gusta pero la plática telefónica no fluye, la manera de mejorar ese aspecto de la relación me parece obvio. Sal y conversa más con esa persona, así irán descubriendo sus rasgos compatibles y esto automáticamente se reflejará en a la pantalla.

Veamos un cuadro comparativo para que descubras dónde estás parada al respecto.

Hábitos desesperados	Hábitos empoderados
Verificar periódicamente cuándo fue la última vez que estuvo conectado en línea.	Verificar el chat que tienes con él únicamente cuando te manda un mensaje.

Contactarlo por diferentes medios durante el día para ver a través de cuál te contesta más rápido.	¿Dices que el asunto no es serio? Pues entonces no tiene por qué tener tu Twitter, Facebook, WhatsApp, Skype, email, Instagram y teléfono. Con un medio basta.
Analizar cada respuesta suya durante más de 10 minutos.	Estar demasiado ocupada con otras cosas como para dedicarte a analizar a un hombre.
Escribir al menos tres borradores de cada mensaje que quieres mandar.	De nuevo, estar demasiada ocupada como para tardar tanto tiempo con mensajes.
Preguntar "oye, ¿por qué no contestas?", 15 minutos después de comprobar que ya vio tu mensaje.	Reaccionar con un "si no quiere contestar o quiere jugar, pues... ¡al siguiente!"
Revisar todos los "likes" de cada uno de sus fotos de Facebook para ver si alguna mujer aparece repetidamente.	Evitar por completo revisar sus redes sociales.
Leer todos y cada uno de los comentarios que aparecen en sus fotos de Facebook e Instagram.	Concentrarte en los comentarios que aparecen en tus fotos.
Revisar tus fotos periódicamente para asegurarte de que en todas y cada una sales increíblemente guapa.	Hay ángulos buenos y malos. Ni que fueras modelo para estar obsesionada con tu imagen a todas horas...

Estoy segura de que con este cuadro descubrirás algunos aspectos de tu personalidad con los que no estabas familiarizada. ¡A asimilarlos!

Es importante que, aunque te sientas un tanto avergonzada, reconozcas plenamente si estás cayendo en un hábito de desesperación en cuanto a las redes sociales. Sobre todo si se trata de ser la *stalker* número uno del perfil de Facebook de alguien. Hablando con franqueza, el hábito de ver todas sus publicaciones para analizar a qué hora la hizo, quién le respondió "me gusta", quién comentó, quién está tagueado, y si estaba en contacto contigo ese día o no, es un desastre para tu psique.

Una manera muy fácil de saber hasta qué grado estás hostigando a la otra persona es pensar en un ejemplo que hayas vivido. En mi caso, un chavo que conocí en una fiesta y me agregó a WhatsApp me mandaba mensajes constantemente. Si me tardaba más de media hora en contestar, de pronto la conversación se convertía en:

Oye

Hola

Estás ahí?

Hola?

Xq no contestas?

Ya no quieres hablar conmigo o q?

El asunto nunca ha pasado de ahí, pero varias amigas monitorean de cerca los comentarios en su Facebook porque saben que su novio lee todos con gran atención. Si alguien fuera así de intenso contigo, es seguro que no te causaría mucha gracia, ni sentirías ganas de que la relación fuera más seria; es más, pensarías "si esto es al principio, imagínate cuando seamos novios, ¡qué horror!"

Si comprobar la actividad de alguien se ha vuelto una obsesión, la mejor solución a corto plazo es la terapia ocupacional. Si tienes el tiempo para seguir de cerca la vida de alguien más todos los días de la semana, esto quiere decir que algo anda mal y es hora de destapar esa olla de presión para recuperar tu vida fuera de la nube cibernética.

Aunque en un principio te cueste tomar medidas que cambien este hábito, es importante que te des cuenta de que servirá para tu propio bienestar y a la larga te sentirás mucho mejor. El primer paso es utilizar la tecnología a tu favor.

Empieza por:

- Eliminar el app de tu teléfono.
- Utilizar las medidas de seguridad para bloquear a la persona, eliminarla de tus noticias de Facebook, bloquearla en WhatsApp o en el Messenger de Facebook.
- Si sabes que vas a estar en casa durante varias horas y no tienes mucho por hacer, apaga tu teléfono y ponlo abajo de la almohada, adentro del clóset o en la cocina. Cualquier lugar donde no esté justo frente a ti.
- Obligarte a no mandar más de dos mensajes seguidos.
- Si opinas que la tecnología es lo mejor que te ha pasado en la vida, entonces utiliza el app "antisocial", el cual bloquea las redes sociales de tu teléfono.

- No duermas junto a tu teléfono. Después de las 9 pm, déjalo cargando en un lugar lejos de ti para evitar pasar horas en distintos chats.

- Cuando te vayas a dormir, pon tu celular en silencio o en modo de vibrar. Jamás te levantes a contestar mensajes en la madrugada.

Si ya seguiste este paso, el segundo consiste en ocupar tu tiempo en algo que sea de mucho más provecho para ti y de paso te distraiga un poco. Por ejemplo, puedes empezar a ir al gimnasio por la tarde, tomar un curso en línea, esforzarte por salir más con tus amigas, inscribirte a clases de baile, correr una carrera Spartan, leer toda la serie de Harry Potter, tomar clases de francés, o de plano empezar a ver *Juego de Tronos* en las tardes.

Elige lo que más te convenga, mientras sea una actividad que te obligue a utilizar tu energía mental y física en algo que te beneficie y no en tu teléfono.

En mi opinión, lo mejor que puedes hacer es meterte a clases de kickboxing, boxeo tradicional, o bien karate-do. Nada como las artes marciales para liberarte del enojo y el estrés. Pruébalo.

Por último, si ya intentaste todo esto pero sigues titubeando entre la esperanza y la angustia, coméntale a una amiga lo que te ocurre y pídele su apoyo. Cada vez que tengas ganas de mandarle un mensaje de texto a un hombre que no te corresponde como quisieras, mándaselo más bien a tu amiga. Este simple acto de cambiar tu conducta, por mínimo que sea, te ayudará a cambiar tu hábito poco a poco; muy pronto comenzarás a gozar el sentirte mucho más libre y plena porque tu energía está puesta en algo que sí puedes controlar, manejar y mejorar: tu vida.

"Muy pronto comenzarás a gozar el sentirte mucho más libre y plena porque tu energía está puesta en algo que sí puedes controlar, manejar y mejorar: tu vida."

Huyendo de la soltería

Ya hemos visto que los medios, la sociedad, la cultura, nuestra historia y la desigualdad económica en nuestro país pueden generar una prisa tremenda por casarnos. La angustia, depresión o exclusión social (además de la pereza que causa ser quien no tiene pareja en la mesa), asociadas con la soltería, pueden ser emociones o incluso estados de ánimo tan incómodos que convierten a la búsqueda del matrimonio en una forma de escapar de la soltería.

Si te identificas fuertemente con la conducta de una soltera en estado de desesperación, lo más seguro es que, además de los factores externos que ejercen presión sobre ti, haya factores internos que lancen señales de alarma cada vez que te despiertas sola en tu cama y sin el anillo en tu mano izquierda.

En lugar de casarte para huir de lo que más te incomoda de tu estado actual, te será más útil a largo plazo resolver los conflictos internos subyacentes que te hacen sentir tan angustiada por la falta de un hombre.

Estos conflictos pueden variar enormidades, tanto que sería imposible incluir todas las posibilidades en un solo libro. Tal vez viviste muy de cerca el divorcio de tus padres y viste cómo tu mamá sufrió en lo económico tras quedarse sin marido. Tal vez tu padre pensaba que no debías enfocarte en tus estudios porque quien cuidaría de ti sería tu marido. Quizás estés acostumbrada a cuidar de alguien porque desde pequeña fuiste responsable del cuidado de tu mamá o de tu papá.

Cabe la posibilidad de que tu situación no haya sido negativa, que hayas crecido en una familia muy feliz y unida a la cual ya no ves tan seguido, por lo que mueres de ganas de tener una propia.

Más adelante abordaremos algunas herramientas y estrategias sobre cómo cambiar estos modelos y pensamientos. Por ahora, haz una pausa para reflexionar y distinguir si estás corriendo hacia un buen matrimonio o huyendo de la soltería. Piensa si estás dispuesta a que las condiciones de tu niñez, por muy fuertes que hayan sido, sigan siendo las que dicten tus motivaciones en tu edad adulta.

¿Quisieras liberarte de esas ideas que tanto dolor te causan? ¿Quisieras casarte por amor y no por miedo?

Un anillo no convierte a un sapo en príncipe

Si ahora tú sí tienes un anillo de compromiso en tu mano izquierda y descubres que tu mirada pasa de tu diamante al sapo que te la dio entre suspiros de anhelo por que se convierta en un verdadero príncipe una vez que pase la boda, es hora de que despiertes de tu sueño de la Bella Durmiente. Si en tu desesperación te aferraste a alguien con suficientes cualidades como para tenerte enganchada, pero está muy lejos de ser el hombre de tus sueños, y apuestas con todo lo que tienes a que *segurito cambian las cosas para bien en cuanto te cases con él,* es el momento de recibir una muy buena dosis de realidad: lo que piensas es una fantasía, y nada más que eso.

En primer lugar, de la única persona sobre la cual tienes control es sobre ti misma. Nadie más. En absoluto. Un hombre cambia y evoluciona a sus propios tiempos y cuando él quiere, no cuando tú intentas cambiarlo con regaños, sobornos, ultimátums, ojos de Bambi, vocecita de niña dulce o gritos de mujer desesperada.

Si él no quiere o no lo considera como prioridad, no sucederá, punto.

Hemos hablado mucho de que la desesperación puede hacerte bajar o cambiar tus estándares, aceptar algo que sabes que no es bueno para ti, y convencerte de que todo es miel sobre hojuelas para cegarte a lo que realmente estás haciendo. ¿Qué pasará contigo cuando te des cuenta de que el anillo no cambió sus hábitos?

En palabras de Brenda, una regiomontana:

> *Pues es que las cosas que no te gustan de tu vato, ya casada te gustan todavía menos.*

En la etapa de una relación en la que ambos lados aún quieren conquistar al otro, los dos presentan lo mejor de sí a toda hora.

Sin embargo, el matrimonio inyecta la sensación de seguridad y certeza, las personas se vuelven mucho más acomodaticias y cuidan menos sus acciones. No digo con esto que los príncipes se convierten en patanes, tan solo que, sin una relación sólida, lo que iba mal empieza a ir todavía peor.

Al hablar con mi prima mientras jugábamos con su hija en el parque, le comenté que había escuchado de varias amigas quejas como "es que pensé que sería diferente ya casados". Mi prima rió y dijo "ay, no, ¿por qué creen eso? Es que cuando te casas de verdad empeoran. El matrimonio puede ser un cielo o un infierno, todo depende de si eliges bien a tu pareja o no, pero eso de que se vuelvan aún más atentos y lindos cuando te casas, no es cierto".

Sin embargo, una vez casada, pensar que no puedes vivir con lo que creías que iba a cambiar y no cambió equivale a pensar en un divorcio, palabra que trae consigo múltiples estigmas sociales y una pesada carga emocional.

Ni la boda de tus sueños, ni un anillo de casados, ni vivir juntos, ni tu amor, ni tus deseos de formar una familia, ni las reglas sociales, ni tus rezos a medianoche son una pócima mágica para hacerlo cambiar. A la única persona que puedes controlar es a ti misma.

Es muy normal, sobre todo entre las mujeres, ver las cosas por lo que podrían ser, no por lo que son. ¿A qué me refiero? A que tendemos a enamorarnos del potencial de algo o de alguien; si un hombre nos habla de sus sueños de convertirse en un escritor famoso, nos enamoramos de ese escritor famoso y no vemos al hombre que se la pasa sentado en el sofá quejándose de que no le llega la inspiración divina.

En una relación es lo mismo: ¿cuántas no hemos estado con un hombre que en general es muy frío, pero de pronto nos da una muestra de cariño inesperado y suspiramos profundamente pensando "lo sabía, en unos seis meses va a cambiar y será el hombre más lindo del mundo"?

Enamorarnos de lo que puede ser y del potencial de alguien es infinitamente más romántico que enamorarnos de hechos y realidades. Duele en el alma ver que un novio jamás dejará de ser coqueto, siempre te tratará mal frente a sus amigos o no tiene la ambición que pensabas en cuanto a su carrera y ese sueño de una casa gigante en la playa nunca se realizará.

En sus talleres de desarrollo personal, la psicoterapeuta humanista Eugenia Baz comparte un ejercicio muy valioso para aprender a aclarar nuestra percepción del otro antes de contraer matrimonio.

Pide a todas las participantes anotar en una hoja de papel los peores defectos de su pareja, por ejemplo, que mastiquen con la boca abierta, no tengan modales, sean adictos al trabajo, tomen demasiado cuando salen con sus amigos, o te sientas poco escuchada cuando le compartes tus problemas.

Luego les pide que evalúen en qué medida les afecta ese comportamiento.

"Enamorarnos de lo que puede ser y del potencial de alguien es infinitamente más romántico que enamorarnos de hechos y realidades."

Cuando te casas, es importante casarte con alguien tanto por sus cualidades, como por sus defectos —nos comparte la doctora Baz—; aunque sea un hom-

bre maravilloso, si no puedes vivir con su peor defecto, entonces no podrás vivir con él. Así de simple.

Insisto, no existe la relación perfecta y libre por completo de problemas. Lo que puedes elegir es con qué tipo de problemas sí puedes lidiar y con cuáles no.

- Quizá no te importe que sea muy fiestero, pero no puedes aceptar que no se lleve bien con tu familia.

- Quizá puedes lidiar con que nunca te ayude con las tareas del hogar, pero no con que nunca te incluya en sus planes sociales.

- Quizá puedes lidiar con que sea frío en lo emocional, pero no con que se burle de ti frente a sus amigos.

Ahora, supongamos que, de manera casi milagrosa, encuentras a un hombre que quiere casarse tanto como tú y con quien piensas que puedes tener una linda vida. Supongamos que tienen una boda de sueño y comienzan a formar una familia pronto.

¿Será cierto ese cuento de Disney en el que todo sale mágicamente bien por el resto de la vida de ambos?

Concluyendo

Es muy normal que las mujeres formemos nuestra identidad en función del otro. Después de todo, podríamos decir que el instinto materno forma parte de nuestro ADN y desde pequeñas estamos programadas para cuidar de otros. Una y otra vez he escuchado a mis amigas casadas hacer hincapié en la importancia de conocer tu propia identidad fuera de ser la hija, la hermana, la esposa o la mamá de alguien.

Hacer una pausa en la búsqueda del hombre disponible y listo para casarse te recordará qué es lo que en realidad te importa, quién eres y qué buscas en alguien más. Ahora que estamos conectados con mucha más gente pero de una manera mucho más superficial, es fácil olvidar cómo conectarte contigo y con otros desde un lugar más auténtico y profundo. Hablamos con extraños y conocidos todo el día, pensando que mandar unos mensajes de texto es lo mismo que sostener una conversación cara a cara. Como dije antes, el anonimato que proveen ciertas plataformas cibernéticas da la libertad de poder hacer y decir lo que sea.

Cuando conocemos a alguien nuevo, es natural que deseemos impresionarlo, decir cosas como "ay, pues yo soy de mente súper abierta", cuando de hecho eres celosa; "sí, me encanta que un chavo haga deporte", cuando lo que quisieras decir es "me atrae mucho que tenga buen cuerpo, pero la verdad es que odio que me dejen sola durante dos horas al día para ir al gimnasio"; "claro, me encanta consentir a mi pareja", cuando sabes que prefieres ser la consentida.

Más adelante analizaremos en detalle cómo reconocer y cambiar creencias que están profundamente enraizadas en ti; por ahora, te invito a que pienses en cómo estas pequeñas mentiras influirán en tu relación. Si te presentas de una manera al ser la novia de alguien, ¿piensas seguirte comportando igual si te conviertes en su esposa? ¿Por qué no ser auténtica desde el principio? Como veremos en el próximo capítulo, quién eres fuera de tu relación de pareja tendrá, irónicamente, muchísimo que ver con cómo se desarrolla un matrimonio.

Ejercicio flash

Toma una hoja de papel y dibuja una raya para dividirla en dos, a lo largo. Del lado izquierdo, escribe tus respuestas a las siguientes preguntas:

1. ¿Cuánto tiempo te tardaste en encontrar esta relación?

2. ¿Cuánto tiempo ha durado el noviazgo?

3. ¿Cuáles son los peores defectos que tiene esta persona?

4. ¿Cómo te hace sentir cuando saca lo peor de sí mismo?

Ahora, del lado derecho, escribe tus respuestas a las siguientes preguntas:

1. ¿Cuánto tiempo esperas estar casada? (¿El resto de tu vida? ¿Cuántas décadas serán?)

2. ¿Estás dispuesta a soportar este comportamiento durante el resto de tus días?

3. ¿Contemplarías divorciarte si su comportamiento empeora en lugar de mejorar?

4. Si te divorcias, ¿cuánto tiempo crees que tomará todo ese proceso?

¿Terminaste? Analiza esta hoja como si fuera una ecuación matemática. ¿Sales ganando o perdiendo? De nuevo, la única que vivirá este proceso eres tú. La única que sabrá al cien por ciento lo bien o lo mal que la pasas eres tú.

Ejercicio de reflexión

Al terminar este capítulo, ¿con qué te quedas? Esto es completamente subjetivo. Puede ser que en un momento te sientas con muchas ganas de cambiar, en otro te sientas enojada con lo que está escrito en estas páginas y luego de pronto pases a sentirte de maravilla y a formular la teoría de que en realidad solo son malos ratos y todo está en tu cabeza.

Presta atención a lo que haces cuando el libro está en alguna parte de tu habitación y las palabras lejos de tu mente. Sé que, aunque estés leyendo, de repente harás una pausa para consultar tu Facebook, tu Twitter, tu Instagram, tus mensajes de WhatsApp, etcétera. O, con base en lo que leas aquí, podrías decidir ignorar a alguien o todo lo contrario, y más bien mandar un mensaje de este tipo: "pues ni que estuviera tan desesperada como para aguantarte. Ya no me contactes".

Espero que, aunque te hayas distraído con distintas actividades de tu vida diaria, algo se te haya grabado de lo que leíste y puedas realizar cambios en tu forma de hacer las cosas, aunque estés esperanzada en que hoy sea el día en que conozcas a alguien perfecto y el laberinto de las citas sea cosa del pasado.

Quizá para ti no sea un momento de hacer cambios, sino simplemente de observar lo que haces e intentar frenar los hábitos que no te traen resultados favorables. Si es así, observa, sin juzgar, qué ocasiona que te comportes así. Poco a poco vendrán los cambios.

CAPÍTULO 4

¿Qué dicen las casadas del matrimonio?

El matrimonio puede ser el Paraíso o el infierno. Todo depende de a quién elijas. —Brenda Garza

Hemos hablado mucho del matrimonio, cuánto nos lo han inculcado desde pequeñas y cómo hemos internalizado aquella historia del cuento de hadas en el que el día de la boda es aquel cuando se sabe, con certeza, que ambos vivirán felices para siempre. No soy la excepción a la regla; aún recuerdo estar sentada en las piernas de mi mamá pidiéndole que me leyera otra vez un cuento de príncipes y princesas. Mi mamá, muy paciente para ese tipo de cosas, nunca me decía que no y disfrutábamos juntas el proceso de elegir un libro de nuestra colección para leer esa noche. Nunca olvidaré cuando, con un tono un tanto irritado, cerró el libro y dijo "¿sabes? Les falta decir que en realidad ese es apenas el comienzo, no el final. ¿Por qué no ponen algo así como 'y le trabajaron duro por 20 años más'?"

Con esto me dijo que ya era mi hora de dormir y que no habría más cuentos esa noche.

Años después, estaba con varias amigas de la prepa cuando una le dijo a otra "pero ¿qué te preocupa? Ya estás casada, ya tienes la vida resuelta". Mi amiga casada se quedó casi atónita con ese comentario. "¡Al contrario! ¡Apenas va empezando todo!", contestó. He tenido la inmensa fortuna de poder seguir de cerca a esta amiga, ver cómo ha evolucionado su matrimonio y cómo formaron una familia. Es muy probable que tengas un grupo similar de amigas de la prepa, con la "fresa", la intelectual, la trabajadora, la quejumbrosa, la víctima, la diva, y otras más. Habrás atestiguado el desarrollo de su vida, desde los coqueteos de la prepa, las relaciones serias de la universidad, hasta el altar.

Seguro te ha tocado escuchar, entonces, qué tal la llevan con el marido, y te has dado cuenta de que el matrimonio es en realidad el comienzo de otra etapa, no el final de las preocupaciones.

Definitivamente encontré el hombre para mí, no hay duda. Cuando me casé estaba de lo más embobada. El periodo de luna de miel duró por lo menos un año, deseo firmemente que todas mis amigas se casen tan felices como yo. Pero, con todo y que nos amamos, nos admiramos, y hay gran comunicación y respeto entre nosotros, es impresionante lo mucho que discutimos ahora que tenemos dos hijos. Si estando en un matrimonio lindo y estable me topo con problemas, no me imagino lo que es intentar construir algo con alguien cuando tu matrimonio es malo.

— Dulce

Las personas felizmente casadas que conozco hablan de la profunda satisfacción por su matrimonio, de la energía que les aporta su familia y del trabajo que cuesta mantener todo a flote. ¡Ojo! Cuando digo "trabajo" en este contexto, mi intención no es calificarlo como algo negativo; más bien, me refiero a que es fundamental dedicarle mucha energía a la relación y echarle ganas constantemente. Ninguna de mis amigas casadas me ha dicho "te casas y ya, todo está bien para siempre".

Hace unos meses, escribí un artículo para un blog, en el cual expresaba mi sorpresa al ver la prisa y la desesperación de las solteras en México por dar el "sí, acepto" en el altar. Una lectora comentó que, a sus más de 50 años de edad, puede afirmar que el matrimonio no es lo que nos pintan en los cuentos de Disney. En su opinión, el amor al otro evoluciona hasta llegar a un punto en el que se convierte en una profunda amistad. Utilizaba la palabra "lamentablemente" como adjetivo para describir la situación. A mí me parece natural que la persona a quien eliges como tu pareja de vida termine siendo tu mejor amigo, tu cómplice, tu familia. Sería utópico pensar que mirarás a un hombre de la misma forma tras pasar más de 20, 30 o 40 años a su lado. En mi caso, Diego y yo éramos muy unidos y, aunque la relación ha concluido, la amistad sigue tan sólida como siempre, y eso que estuvimos juntos por escasos cuatro años. ¡Ya me imagino qué sucede cuando compartes décadas de tu vida con alguien!

Otras tantas me han hablado de lo maravilloso que es poder descansar, no tener que hacer todo tú sola, sino sentir que tienes a alguien con quien compartir los retos cotidianos. Según otras, lo más divertido es poder pasear con su marido. Para unas cuantas, lo más importante ha sido realizar el sueño de formar una familia propia. Una de mis mejores amigas describe la relación con su marido como poder por fin llegar a casa y descansar en los brazos de alguien.

Por otro lado, te apuesto a que también te ha tocado escuchar a tus amigas quejarse de su marido. Se quejan de las exigencias, de la falta de tiempo para ellas mismas, de su agotamiento, de que sus maridos piensan que a diario les deberían preparar cenas espectaculares, que las regañan cada vez que llega el estado de cuenta de la tarjeta de crédito, que pasan casi todo su tiempo en el trabajo y lo ven poco, entre otras.

Todo este discurso me hace volver al mismo punto: el día de tu boda marca el comienzo de un nuevo camino que has decidido recorrer con alguien especial. Es el final de tu soltería, pero también trae consigo un cúmulo de nuevos retos que estás por descubrir.

Todas mis amigas casadas nos han dado el mismo consejo a las que estamos solteras: "no hay prisa, espera hasta que llegue alguien que se vuelva loco por estar contigo, que te ame muchísimo y quiera formar un futuro contigo. Mientras tanto, disfruta todo lo que puedas porque cuando te conviertes en mamá, todo cambia". Nunca he escuchado a una amiga cercana que esté casada decir "apúrate, da lo mismo con quién, con tal de que te cases".

¿Las casadas también sienten presión social?

¡Claro que sí! En cuanto vuelven de la luna de miel comienzan las preguntas de parte de parientes y amigos sobre cuándo tendrán a su primer hijo. Una vez que el primer hijo cumple un año de edad, comienzan a inquirir para cuándo vendrá el segundo. Si una mujer casada tiene más de 35 años de edad pero aún no tiene hijos, es muy probable que se enfrente a muchas preguntas de la sociedad sobre cuándo piensa tenerlos y por qué se ha tardado tanto.

En lo que a esposas y mamás se refiere, basta con mirar a tu círculo social inmediato para descubrir todo tipo de personalidades: la mamá hippie que hace yoga con sus hijos, la que es muy alivianada, la que trabaja tanto que no ha querido tener hijos, la que se agobia por todo, la que se desvive por su marido, la que parece ser perfecta y además de trabajar tiene un don especial para la pastelería... Apuesto a que has visto cómo las mismas amigas se comparan entre sí a sus espaldas, evaluando a cuál de los maridos le va mejor, quién tiene el mejor matrimonio, quién tiene la casa más linda, quién tiene los hijos más inteligentes, y quién tiene los hijos malcriados que son insoportables.

Más adelante, se enfrascan en una batalla de consejos sobre cómo inculcar la religión a los hijos, qué tipos de instrumentos deben poder tocar, qué tipo de deportes deben practicar, cómo educarlos en la adolescencia; la lista es interminable. En las sociedades latinas las apariencias tienen muchísimo peso y la sociedad jamás se cansará de chismosear. Como verás, al casarte no acaban las preguntas de quienes te rodean acerca de tu vida romántica, solo cambian un poco.

La crisis de las casadas

Esto de las mujeres y el matrimonio es similar a lo que ocurre con las mujeres y el cabello: siempre pensamos que el cabello de la otra es mucho más lindo que el nuestro. Sin embargo, hablando en serio, es sorprendente la incidencia de depresión en las mujeres que se casaron y tuvieron hijos estando bastante jóvenes. Al realizar investigaciones y entrevistas previas a la escritura de este libro descubrí que este fenómeno es mucho más común de lo que pensaba.

Resulta ser que varias mujeres que, vistas desde fuera, lo tienen todo (hogar lindo, marido atento, hijos sanos) están seriamente confundidas respecto a su vida y, en algunos casos serios, caen en una depresión clínica, sobre todo si son madres de hijos pequeños. Aunque su vida cuenta con todos los ingredientes que se supone que necesitan para ser felices, tienen la sensación de que algo les ha faltado.

"Si algo en tu vida no anda bien, tendrás que lidiar con ello, estés casada o soltera."

En estos casos, la frase "es que siento que me faltaron muchas cosas, que me casé demasiado jovencita" se escucha a menudo. Sienten que les faltó viajar, valerse por sí mismas en el mundo profesional, conocer a más hombres, comprar un departamento con su propio dinero, salir más de fiesta, entre otras cosas. En fin, sienten que una parte de su vida no se ha desarrollado como hubieran querido y esa falta de satisfacción crea un sentimiento de vacío que no pueden llenar con sus hijos o con su marido.

Otras mujeres experimentan algo ligeramente diferente. Al ver todos sus sueños cumplidos, llega un momento en que no saben qué es lo que sigue en su vida y se sienten bastante perdidas. ¿Sabes qué es lo más irónico? Que suelen compararse con sus amigas que no se han casado y que pasan su vida viajando, saliendo con chavos diferentes y súper ocupadas con el trabajo.

Por lo general, esta especie de crisis provoca que las mujeres inmersas en ella encuentren una solución creativa a su dilema. A veces van a terapia, a veces emprenden proyectos que pueden administrar desde su hogar y a veces se toman un tiempo corto para salir de viaje ellas solas y tener tiempo y espacio para pensar. De nuevo, es esencial comprender que el matrimonio no puede llenar vacíos que debemos llenar nosotras como mujeres. Si algo en tu vida no anda bien, tendrás que lidiar con ello, estés casada o soltera.

Aunque aún no me he casado, recuerdo una plática que sostuve con una psicóloga cuando vivía en el extranjero. Le contaba del vacío que aún siento al pensar que ningún miembro de mi familia inmediata vive en la misma ciudad; es más, no viven siquiera en el mismo país. Unos minutos después le comenté que tenía unas ganas profundas de convertirme en mamá. "Ojo, Casandra", me dijo la psicóloga de cabello rizado y amplia sonrisa, "tal vez cuando seas mamá te sientas muy ocupada, muy cansada, muy feliz, muy llena de actividades. Pero ese vacío que sientes, lo seguirás sintiendo aun con un pequeño en tus brazos. Ese vacío solo puedes llenarlo tú misma." Más claro, imposible.

Veamos un último paradigma muy común entre las solteras: pensar que, una vez que estás casada, seguro tendrás noches de pasión varias veces a la semana por el resto de tus días. La realidad es distinta por completo. Usualmente, después de tener hijos, la frecuencia de las relaciones sexuales en una pareja casada varía mucho. En su libro *Inteligencia erótica* [*Mating in Captivity*], Esther Perel explica que en la gran mayoría de los casos la falta de sexo (ya sea por falta de tiempo, por cansancio, por estrés, porque las personas dejan de esforzarse, entre otros factores) no acongoja mucho a uno de los miembros de la pareja, mientras que el otro piensa que es un indicador alarmante de un problema profundo entre ellos. Centenares de libros se han escrito sobre cómo mantener viva la chispa en el matrimonio, y el tema se debate en conferencias y talleres para parejas y foros en línea. Las comedias de Hollywood se refieren a esto una y otra vez. Cuando una pareja anuncia que van a tener un hijo, las reacciones de los demás actores se dividen en dos: quienes están muy felices por ellos y quienes susurran entre sí con tono de alarma "nunca más tendrán sexo".

Volvemos a lo mismo una y otra vez: el matrimonio no es un fin, no es una solución. Es un camino lleno de sus propios retos y satisfacciones.

Tú ¿qué piensas?

Ejercicio

Contesta las siguientes preguntas. Este espacio es solo para ti, de modo que no filtres ni censures tus respuestas, escribe lo primero que pienses.

1. ¿Qué aspectos de tu vida esperas resolver con el matrimonio?

2. ¿Cómo es el matrimonio de las personas que te rodean? (tus padres, tus amigas, tus tíos y tías).

3. ¿Qué es lo que te han dicho tu mamá o tu papá acerca del matrimonio?

4. Después de leer estas historias, ¿en qué ha cambiado tu percepción del matrimonio?

5. ¿Crees realmente que el matrimonio requiera trabajo constante de parte de ambos o que el amor permanece ahí por el hecho de estar casados?

Lo que ellos dicen

A las mujeres hay que amarlas, no comprenderlas.

Al conversar con un amigo mío, observé con claridad que el cambio social que hemos forjado poco a poco las mujeres también ha afectado al sexo opuesto. Tal vez se trate de cambios más sutiles, pero con la misma importancia. Al igual que nosotras, ellos están aprendiendo a adaptarse a esta nueva forma de interactuar. Para algunos, la transición es fácil; para otros, el proceso resulta confuso; otros tantos deciden ignorar por completo los cambios y mantenerse aferrados a los roles tradicionales. Las cosas ya no son blanco y negro, sino de un gris semiborroso en el que cada uno debe encontrar lo que le tiene más sentido para él.

Hugo estaba sentado frente a mí. Para acompañar sus tacos de camarón pidió una michelada y un vaso de agua con hielo. Cuando llegó mi Coca Cola, me preguntó si quería que él me la sirviera. Yo le respondí que, durante todos mis años en Asia, había extrañado mucho la caballerosidad latina y que agradecía su atención. Hugo, en lugar de sonreír, hizo un gesto de frustración.

"La verdad es que ya ni sé", me dijo. "Luego le abro la puerta a una chava y se ofende porque siente que es un gesto sexista. No quieren que sea caballeroso, pero sí que pague todo. No las entiendo, de verdad. Ya me di por vencido, no me esforzaré más por complacerlas. ¿Te digo algo? Se quejan mucho de los machistas, pero la verdad es que algunas son una versión femenina del machismo."

Parecían comentarios al aire de parte de Hugo, pero el contenido detrás de las quejas es muy interesante. Aunque sean detalles pequeños como abrir una puerta, dejar pasar primero a una mujer o esperar a que ella ordene primero en un restaurante, la confusión que Hugo siente es compartida por muchos hombres.

No ayuda que algunas mujeres piensen que el feminismo significa convertirse en una mejor versión de los hombres que los hombres.

Ximena y yo íbamos camino a una cita de pedicure cuando me dijo: "no sé qué hacer; la verdad es que estoy orgullosa de mí y de mi progreso en mi carrera, pero a mi marido casi le dio un ataque de pánico cuando se enteró de que voy a ganar más dinero que él".

Otro caso parecido es el de Barry, un estadounidense que conocí en Camboya.

"La verdad", me confesó, "es que Carolina, mi esposa, es una mujer muy independiente y ambiciosa. Desde un inicio, me dijo que su carrera es lo más importante para ella, y que quería seguir trabajando después de tener hijos. Ahora que tenemos a los dos niños, yo soy quien se queda en casa y los cuida. Siempre que hablo con mi padre arma un drama, no entiende cómo acepto quedarme en casa mientras ella trabaja. Soy el único de mis amigos que tiene este arreglo con su esposa y les ha tomado bastante tiempo acostumbrarse a la idea. Aunque somos muy felices y el acuerdo funciona bien para nosotros, necesité varios meses para aceptar que no soy menos hombre por el hecho de quedarme en casa; simplemente somos una pareja que ha elegido hacer las cosas de manera diferente."

En lo personal, recuerdo que el papá de mi ex novio de la universidad decía "¿para qué quieres que la mujer trabaje? ¡Para eso estás tú, para la casa está ella!"

"No ayuda que algunas mujeres piensen que el feminismo significa convertirse en una mejor versión de los hombres que los hombres."

Al tener la fortuna de viajar tanto, he podido constatar el alto grado en que varían los valores de un país a otro. El costo de vida es un factor de gran influencia en cada caso. Por ejemplo, en Inglaterra, prácticamente se da por sentado que ambas personas trabajarán para así poder mantener a los hijos. Lo mismo sucede en Australia. En Holanda se creó la famosa frase *go Dutch*, que significa que a la hora de pagar la cuenta cada quien cubre el 50%. Somos, tanto nosotras como ellos, el producto de nuestra cultura, las enseñanzas de nuestros padres y nuestras propias vivencias.

En 2014, la actriz británica Emma Watson dio un discurso ante las Naciones Unidas en el cual puso énfasis en que para lograr la auténtica igualdad de género los hombres tienen que adoptar un rol activo en esta lucha. Para lograr leyes y salarios justos, no puede pelearse una revolución formada exclusivamente de mujeres. Padres, hermanos, hijos, jefes y maridos deberán ayudar a crear el cambio. Le tengo un profundo respeto a la señorita Watson. Su argumento pretende unir a ambos géneros para que funcionen como un todo, y no se opongan unos a otros.

Bajo esta línea de pensamiento, podríamos suponer que las mujeres influimos bastante en la manera en que los hombres están cambiando. Ellos, como nosotras, reciben mensajes contradictorios de sus amigos, sus novias, los medios, los valores tradicionales de la sociedad y los valores más liberales que algunos países incorporan.

> *Según el Foro Económico Mundial, Suecia es uno de los cinco países del mundo con mayor igualdad de género. Ningún género intenta sobrepasar al otro o disminuir el poder del otro. Las mujeres tienen derecho a trabajar y ganar el mismo salario que un hombre que hace lo mismo. Lo interesante es que el gobierno realmente provee de una plataforma equilibrada que permite que las parejas balanceen la vida*

de hogar. Por ejemplo, cuando una pareja tiene un hijo, tienen derecho a faltar al trabajo por un total de 480 días entre ambos. Por lo general ella mujer toma más tiempo que él, pero, para poder acceder al tiempo total permitido, es obligatorio que el padre también utilice al menos un 20% de los días permitidos. Esto también aplica para quienes han adoptado a un hijo.

Este ejemplo me parece bueno porque ilustra a la perfección cómo es posible crear un ambiente en el que ambas personas tengan una carrera profesional satisfactoria y compartan los deberes del hogar de una forma balanceada. ¿Mencioné que se les paga la ausencia de maternidad y paternidad?

Por desgracia, muchas mujeres consideran que para ser buenas feministas hay que castrar en cierto nivel a los hombres. Creen que hay que deshacerse de cualquier rastro de feminidad que tengan para no necesitar ayuda de nadie. En lugar de desarrollar un ambiente equilibrado, se ofenden cuando un hombre intenta mostrar su lado caballeroso, argumentando que ellas lo pueden todo. Son las que convierten al feminismo en un machismo de chicas.

Una amiga ucraniana me compartió hace poco cuán difícil le resulta comprender la mentalidad mexicana. En su país las mujeres son las fuertes. Cerca del 60% de los puestos de poder en las empresas son ocupados por mujeres.

En Ucrania ninguna mujer se queda a la espera de su príncipe. Las mujeres son muy fuertes porque durante la guerra muchas se quedaron como madres solteras. Una mujer estudia, trabaja y cuida de sus niños, todo al mismo tiempo. Los hombres también

son diferentes, son hombres de verdad. Saben coci-
nar, arreglar cosas de la casa, trabajar duro y respe-
tar mucho a las mujeres. Digo "respetar" pero creo
que muchos hombres en Ucrania nos tienen miedo
porque somos tan fuertes y tenemos tanto poder.

Esto comprueba que cada cultura es diferente. Lo que tenemos que plantearnos es qué es lo que queremos generar en México. Varios hombres luchan por decidirse entre apoyar a sus mujeres en su carrera y a la vez ser quien provee el bienestar económico del hogar. Hay quienes se cuestionan si quieren tener a una mujer que los rete en lo intelectual o bien una mujer que se dedique a cuidar de ellos sin interesarse en otra cosa.

Algunos sienten que su mayor atractivo es su poder adquisitivo y utilizan el dinero como método para seducir mujeres. Años después estos mismos hombres se quejan de que su mujer es vanidosa, materialista e interesada. Unos más son increíblemente lindos por naturaleza y temen que esto opere en su contra, que los únicos hombres en quienes se interesan las chicas bonitas son los "malos". Otros están fascinados con la tecnología moderna y, aun si tienen una relación seria, se pasan horas chateando con otras mujeres en apps para solteros.

Repito, es fundamental considerar que mujeres y hombres cocreamos una realidad. Pensar que cada género evoluciona de forma independiente sería un error. Las mujeres habremos de ser facilitadoras de los cambios que queremos ver en los hombres, creando una sociedad equilibrada en la que ambos géneros se desarrollen de forma profesional y personal sin obstáculos que se interpongan. Una sociedad en la que las mujeres no se esfuercen por ser más masculinas que los hombres, ni los hombres intenten reprimirlas en sus actividades cotidianas.

"Hay quienes se cuestionan si quieren tener a una mujer que los rete en lo intelectual o bien, una mujer que se dedique a cuidar de ellos sin interesarse en otra cosa."

Reflexión

Te invito a que reflexiones cómo vives estos temas.

- ¿Cómo reaccionas cuando un hombre es caballeroso contigo?

- ¿Qué esperas de tu pareja en el aspecto económico?

- ¿Consideras que conectarte con tu lado femenino te hace menos fuerte o menos inteligente?

- ¿Qué es lo que tú quieres aportar económicamente a una relación?

- ¿Cuál crees que es tu rol como mujer dentro de una relación?

Aclara en tu interior cuáles son tus creencias y tenlas presente para que así puedas buscar a una persona que comparta tus valores más profundos. Esto no quiere decir que si encuentras a un hombre que vea las cosas de igual forma que tú no habrá pleitos, pero sí que podrán construir una relación sobre una base sólida de creencias en común.

CAPÍTULO 5

Desesperada por un reemplazo

"No huyas. La solución a tu dolor está dentro del dolor mismo." —Rumi

Quizá tú ya hayas dado el "sí" en el altar luciendo el vestido de tus sueños. Tal vez ahora ya tengas tu propia historia del matrimonio y también una historia propia del divorcio. Quizá también seas ya mamá. Posiblemente te casaste y por alguna vuelta radical de la vida ahora seas viuda. O quizá decidiste anular tu matrimonio; las reacciones de una mujer ante esto son tan variadas como los sabores de helado que disfrutamos en nuestro país. Ahora bien, si estás leyendo este libro, partamos de la premisa de que quisieras encontrar una nueva relación.

Aunque no niego que estas situaciones incrementan la complejidad en tu vida y añaden otros elementos a las relaciones que sostienes con el sexo opuesto, el principio básico de la desesperación que aquí planteo permanece igual. Movernos desde la desesperación y el miedo suele acarrear consecuencias negativas que terminan por complicar las cosas aún más.

Vivir un divorcio es uno de los procesos más estresantes y dolorosos por los que puede pasar una mujer. Suele estar plagado de tristeza, rencor, enojo y una sensación de fracaso. Si tu necesidad de encontrar a un hombre que te promete el sol, la luna y las estrellas está ligada al deseo de llenar el vacío que dejó la ruptura de tu relación anterior, es de crucial importancia que entiendas el proceso de duelo que acompaña a la disolución de una relación significativa. Quizá te veas forzada a lidiar no solo con lo que significa para ti el fin de tu matrimonio, sino también con la pérdida de varias amistades. Me refiero a que podrías encontrarte con la sorpresa de que tus amistades más cercanas ya no te invitan a comer o cenar a la casa ni a pasar tiempo con el marido porque ahora te ven como una especie de amenaza a la estabilidad de su matrimonio. Sobra decir que esto puede llegar a intensificar los sentimientos por los que estás pasando.

La primera persona en proponer etapas del duelo fue la psiquiatra suiza Elisabeth Kübler-Ross. En su libro *Sobre la muerte y los moribundos*, propone cinco etapas del duelo, las cuales no siempre se viven en orden. Es más, algunas veces puedes pasar por dos etapas a la vez, o bien pensar que has superado una solo para encontrarte inmersa de nuevo en ella dos días después. La psicología nos dice que los duelos suelen durar entre seis meses y un año, pero hay que tomar en cuenta que cada mujer es distinta y no hay fórmula universal. Comprender cada una de estas etapas te ayudará mucho a evaluar objetivamente si buscas a un hombre por las razones correctas o incorrectas. A continuación las presento.

Etapas del duelo

1. *Negación*. En palabras simples, esta etapa es un mecanismo de defensa para ti misma. La situación es tan dolorosa que no puedes lidiar con todas las implicaciones de un jalón y tu psique necesita una forma de protegerte. Esta etapa es muy confusa. No puedes creer lo que sucede, piensas que es como un sueño lejano y no una realidad. Sueles hacerte muchas preguntas que no parecen tener sentido y, sobre todo, sientes que "no te ha caído el veinte". La negación es uno de nuestros mecanismos de defensa más básicos y, aunque tus amigas insistan en que "estás cegada", estar en esta situación no es malo. Con el tiempo tendrás la fuerza y la madurez necesarias para procesar lentamente las implicaciones de lo ocurrido.

2. *Enojo*. Poco a poco la realidad se aclara y con esto viene una ola de enojo. Todo te choca o te cae mal; te enojas con Dios, con los hombres, con quien se te ponga enfrente, con la vida, con el amor, contigo misma, con quienes te presentaron a tu ex, con las canciones que tocan en la radio y con todas, todas las películas de amor. Esta etapa es muy importante porque está colmada de energía. En lugar de tirarte sobre el sofá hecha un mar de lágrimas, sientes que tu furia sale hasta por los codos, por lo que tienes que cuidar cómo la canalizas. En esta etapa el ejercicio es esencial y te caerá de maravilla. Te recuerdo que las artes marciales son ideales, pues nada hay más satisfactorio que golpear un costal con todas las fuerzas que tienes en tu cuerpo imaginando que es tu ex el que está parado ahí. Aunque esto podría parecer bastante extremo, el punto es que canalices el enojo de una forma saludable para ti. Evita hacer cosas como ir al departamento de tu ex a las tres de la mañana a gritarle hasta de lo que se va a morir.

Insisto en el ejercicio porque, en esta etapa, el enojo se manifiesta en forma de una energía tremenda que tiene que salir de una u otra manera y, en ciertas situaciones, la manera en que las mujeres lidiamos con ello es a través de conductas autodestructivas, por ejemplo, salir de fiesta de forma excesiva, tomar alcohol en forma irresponsable, acostarse con hombres sin utilizar protección y utilizar drogas. Actividades como practicar ejercicio, dibujar, escribir, o hablarlo con alguien cercano te ayudarán a canalizar la energía de la mejor manera.

3. *Negociación.* La negociación es una etapa llena de culpa y de dolor. Es aquella en la que tienes ganas de negociar con la vida para poder regresar el tiempo y tener todo de vuelta, aunque la relación no te hiciera mucho bien. Por lo general, la negociación se acompaña de una sensación de culpa y palabras de autorrecriminación: "si tan solo hubiera sido mejor esposa, esto no habría sucedido", "si hubiera sido menos celosa y lo hubiera hostigado menos no habría terminado la relación", "a lo mejor en realidad no era tan malo como yo pensaba y deberíamos volver a intentarlo". La negociación ocurre cuando estás lo bastante fuerte para ver la realidad, pero duele tanto que harías lo que fuera por volver a un territorio familiar en lugar de afrontar esta nueva situación aterradora.

Es normal soñar despierta sobre lo que te gustaría que sucediera. A lo mejor te sorprendes pensando en un reencuentro lleno de pasión y alegría en el que ambos se perdonan y luego viven felices para siempre. En esta etapa ayuda mucho obligarte a recordar por qué terminó la relación y las experiencias malas que sufriste al lado de ese hombre. Es importante no santificar a aquel con quien ya no estás, sino verlo por lo que sí es, con sus características buenas y malas.

4. *Tristeza.* Aquí se llora por todo lo que fue y lo que nunca será. Estarás muy sensible, preguntándote si de verdad algún día te sentirás del todo bien. Sentirte muy triste por un rato es tan importante como las demás etapas. Aquí te toca expresar

tus emociones sin censura. Si tienes ganas de llorar, llora. Si deseas escuchar canciones y escribir en un diario, hazlo. Si tu corazón extraña los detalles más insignificantes y ridículos de tu relación, permítetelo. Es momento de vivir el duelo de tu relación de la manera más honesta posible; sin hacerte la fuerte, sin hacer lo que sea por aquietar esa tristeza que sientes. Aunque quieras quedarte en pijama tres días seguidos, es fundamental que te apoyes en amigas y tengas una muy buena red de apoyo.

Si bien sentirte "gris" y desmotivada es normal, si pasan dos semanas o más sin que puedas levantarte de la cama o la tristeza es tal que interfiere con tu vida laboral, será mejor que veas a un psicólogo o un psiquiatra, ya que podrías tener depresión clínica, lo cual requiere un tratamiento bastante específico.

5. *Aceptación.* Aquí es cuando, por fin, poco a poco vuelves a la normalidad, te sientes viva, sana, bien y con ganas de salir de nuevo al mundo. Las preguntas sin sentido terminan, así como las noches de llorarle a tu pasado y a la idea del futuro que te habías creado. Comienzas a disfrutar mucho tu círculo social, tus amigos, tu familia, las salidas, el ejercicio. ¿Lo mejor de todo? De nuevo te diviertes, ríes por horas sin sentir que estás fingiendo. En un inicio, puede ser muy raro sentirte bien, poder pasar días enteros sin pensar en tu ex, y sin buscar con desesperación alguna forma de tapar el vacío emocional que dejó en ti su partida. Quizá te tome tiempo acostumbrarte a un buen nivel de bienestar. Una vez más, esto es normal, lo mejor que puedes hacer es tomarlo un día a la vez y gozar con los avances emocionales tan enormes que has tenido. Aunque ya te encuentres en la etapa de "estar bien", todavía es fundamental seguir nutriéndote, prestando atención a tu bienestar emocional, manteniéndote como tu propia prioridad. En este momento puede presentarse una sensación de alegría o triunfo tras el logro de haber salido adelante. Si este es tu caso, por supuesto, es válido celebrarlo con tus amigas o familiares.

Ahora bien, nunca subestimes la magnitud de los sentimientos de enojo y tristeza que acompañan la ruptura de una relación. La industria de la música pop gana millones de dólares al año con canciones de desamor; las telenovelas de Televisa muestran lo lejos que pueden llegar las mujeres por venganza, celos o coraje. Es más, las telenovelas suelen hacer creer que sufrir terriblemente por amor es, en realidad, algo muy romántico, casi como si fuera un ingrediente fundamental en una relación llena de pasión. El mundo de la farándula hollywoodense es uno de los mejores ejemplos: la gente se casa y divorcia a un ritmo acelerado, dándole a las revistas todo tipo de historias: "40 kilos arriba desde el divorcio", "Al borde de un colapso nervioso tras el abandono de su amante", "María soltera y más feliz que nunca".

"Aunque ya te encuentres en la etapa de 'estar bien', todavía es fundamental seguir nutriéndote, prestando atención a tu bienestar emocional, manteniéndote como tu propia prioridad."

Hay todo tipo de maneras de lidiar con las emociones tan fuertes que se hacen presentes. Algunas mujeres salen con quien se les cruza enfrente y utilizan el sexo para derrochar adrenalina y con ello encubrir la enorme tristeza que sienten en el fondo. Otras optan por borracheras que duran días y suprimen cualquier tipo de sensación. Algunas se vuelven muy introspectivas, salen de viaje, escriben en su diario durante horas o leen la serie completa de Harry Potter de un jalón. Otras más, dos semanas después de terminar una relación con el amor de su vida, se hacen de un nuevo novio, con quien parecen locas de felicidad. El nuevo hombre suele ser la copia idéntica del anterior o bien, su antítesis.

Cada quien con su propio duelo

Así como cada persona vive el proceso de duelo de distinta manera, es muy posible que tú lo hagas así con cada relación que acaba. Las circunstancias cambian, las implicaciones cambian, nosotras mismas cambiamos, y por eso nunca hay fórmula específica para esta situación.

Recuerdo que lo que más me dolió de haber terminado con mi novio de la Universidad fue no tener su amistad y no ver más a su familia. Se convirtió en una parte tan fundamental en mi vida y una influencia tan impresionantemente positiva y amorosa, que sentía una mezcla de enorme gratitud y pena por no poder ser quien quería que yo fuera. Mi forma de lidiar con la situación fue bastante sana. Lloraba con mis amigas cuando me daba la gana, sin censurarme ni apresurarme por superarlo.

Salí muchísimo a bailar con mi mejor amiga y comencé a trabajar en tres proyectos diferentes. Aunque estaba muy triste, tenía una gran calma interior, una linda sensación de que todo estaría bien y que lo mejor que podría hacer sería mantenerme ocupada con trabajo. Utilicé mi energía para crear nuevas oportunidades laborales y aproveché esa etapa para mi desarrollo profesional.

En cambio, el proceso de duelo tras romper con Diego, fue por completo diferente. El dolor era inquietante, un dolor que llegaba a sentir físicamente, como si alguien me arrancara algo. Me hacía una falta tremenda su presencia, su amistad, su apoyo. Pensar en tener otra relación con alguien me provocaba náuseas y no tenía deseo alguno de arreglarme. Sentí que había perdido una parte de mí, extrañaba en forma tan profunda nuestros días llenos de chistes locales que me sentía absolutamente sola en una nueva ciudad llena de gente que reía de sus propios chistes locales con otras personas.

Cuando por fin Diego empacó sus maletas para salir de Asia hacia Europa y vendió lo que quedaba de nuestras pertenencias en común de la casa, sentí que mi corazón se rompía otra vez. Aunque era él quien se iba físicamente, para mí esto significaba el cierre definitivo de un capítulo. Esa noche me llovieron mensajes de parte de amigos "me quedé con tu sombrero de mexicana que tanto me recuerda a ti", "fui a tu casa y ya nada más quedaban los platos por venderse, qué solo se siente ahí sin ti", "gracias por los cojines, Cas, sabes que me encantan". Al ver las fotos que me mandaron y leer un mensaje de parte de Diego que decía "ya se vendió lo último, te voy a depositar tu mitad. Esto es dificilísimo", todo se hizo realidad. Fue una confrontación dura para mí, la tristeza se esfumó y en su lugar aparecieron el enojo y el mal humor.

Durante la semana siguiente, todo me cayó gordo. Todo. Hasta el menor detalle me chocó. Sobre todo, me enojé con los hombres. Mis amigos traían la moda de presentarme a los pocos candidatos solteros que quedaban y lo único que lograba al salir con ellos era sentirme confundida y furiosa con su comportamiento. No entendía su sentido del humor, no entendía qué tanto tenía que estar en contacto con una persona o no, cualquier comentario sobre lo atractiva que eran otras mujeres provocaba que una voz interior gritara "¡Todos ustedes son iguales! ¡Me dan asco!" Por encima de todas las cosas, extrañaba tener a un lado a mi cómplice y añoraba tener a un nuevo cómplice junto a mí y no esta bola de emociones tan intensas que me confundían. Sobra decir que si salía con alguien y esa persona me decía "te marco" y no lo hacía, mi reacción era desproporcionada.

Siempre le estaré agradecida a mi amiga Ingrid, quien me escuchó sin juicios y se reía de que una vez le llamé para quejarme amargamente de que alguien me había invitado al cine a ver una comedia romántica. Él pensaba que se mostraba atractivo por su sensibilidad, pero yo pasé la mayor parte de la proyección luchando por contener las lágrimas y comiendo demasiadas palomitas para evitar gritarle al protagonista lo que en verdad opinaba de su "estrategia de conquista" con la chava principal.

Muy pronto me quedó claro que, aunque la emoción de salir con alguien nuevo era bienvenida, no estaba ni siquiera un poquito lista para dar el paso; por tanto, corté por lo sano. Me dediqué a correr y practicar boxeo. Me puse a mí como mi propia prioridad y empecé a consentirme y a ser en extremo selectiva con las amigas con quienes compartía mis sentimientos (cuando mis amigas responden a mis lágrimas con la frase "ay, ánimo", parecen detonar una pequeña bomba atómica en mi interior) y pasé el mayor tiempo posible con mi familia. Esto fue lo mejor para mí, pero también lo justo para los demás. Ningún hombre tenía por qué pagar por mis cambios drásticos de humor. Tampoco me parecía justo contarle historias de un antiguo amor a un nuevo prospecto.

A la par de todo esto, por razones que aún no logro explicarme, me tocó presenciar un alto grado de violencia en México. Me asaltaron con pistola en más de una ocasión, fui testigo de actos de violencia hacia otros, así como de un nivel de corrupción que me dejó sorprendida al máximo. Tuve que mudarme de casa varias veces por causa de fuerza mayor y mi salud empeoró. Sentí que todo se me acumulaba y sabía que si no tenía cuidado, tomaría una decisión precipitada en cuanto a una relación que con seguridad tendría que arreglar después. Fui a ver a una psicóloga que, tras 50 minutos de sesión, me informó que lo mejor para mí sería someterme a un tratamiento psiquiátrico de al menos un año. Fui a ver a un endocrinólogo que opinaba lo mismo. Recuerdo haber salido de esos consultorios furiosa, pensando que la psicóloga, en lugar de hacer su trabajo y apoyarme en un duelo, le pasaba la pelotita a alguien más. Tiré las pastillas que me dio el endocrinólogo a la basura y en su lugar fui a un taller de yoga seguido por una noche con mi compañera de piso.

Sigo dando gracias por las personas clave que me rodearon en ese momento y me acompañaron a lo largo de todo el proceso con paciencia infinita y excelente sentido del humor.

"Con franqueza, cuando atraviesas por un proceso de duelo, estás hecha un desastre. No logras un equilibrio emocional y decididamente no vives el momento ideal para comenzar una relación."

Después de lo que me pareció una eternidad de sentirme angustiada, enojada, triste, frustrada y de haberme obligado a hacer ejercicio, escribir en un diario, aceptar las lágrimas no deseadas y esforzarme por vestir otro color que no fuera gris, de pronto todo cambió.

Un día desperté con la certeza de que, de la mejor manera que pude, con todo y tropezones y pasos hacia atrás, ese hueco tremendo que sentía por la ausencia de Diego, de Asia, de mi trabajo anterior, de mis amigos, de mi antigua vida, ya no estaba. Durante por lo menos una semana me sentí eufórica: ¡todo iba a estar bien! ¡Estaba del otro lado! ¡Tenía esperanzas! ¡Lo había superado sin necesidad de pastillas antidepresivas!

A esa etapa le siguieron varios meses de sentirme contenta, bien conmigo misma, en paz con mi soltería y de disfrutar mucho el tiempo extra que tenía. Si bien no me sentía con ganas de volver a enamorarme, ni siquiera de tener novio, estaba segura de haber vivido mi duelo de la manera más honesta posible, aprendiendo lo que me tocaba y mirando siempre al frente.

Con franqueza, cuando atraviesas por un proceso de duelo, estás hecha un desastre. No logras un equilibrio emocional y decididamente no vives el momento ideal para comenzar una relación. Volvemos al punto; piensa en el hombre que se sentirá atraído a una mujer con semejantes líos emocionales. Un hombre sano no tiene ganas de ser la bandita que tapa la herida, ni tampoco de soportar el estira y afloje emocional por el que lo harás pasar si quieres entablar una relación. Por otro lado, si llegas a construir una relación que termina a los pocos meses, te verás en la situación de afrontar el duelo de dos relaciones.

En lugar de buscar algo fuera de ti, vuelve tu mirada hacia tu interior y dedícate a ti misma al cien por ciento, con una paciencia infinita, determinación firme de salir adelante y mucha fe en que las cosas se desarrollarán a tu favor. Varios libros hablan sobre el divorcio y cómo superarlo de forma sana y saludable; cuanto más te empapes de herramientas disponibles para esta situación en particular, más sencillo te será cambiar.

Elige bien con quién pasas una buena parte de tu tiempo, buscando siempre a personas que te apoyen de forma incondicional y te ayuden a mantener una actitud positiva ahora y hacia el futuro. Sobre todo, busca desahogarte con varias amigas diferentes, ya que en ocasiones las emociones en esta etapa son tan fuertes que a una sola podría resultarle agotador ser tu escucha diaria. Es posible que tus amigas se desesperen con el tiempo que te tome procesar las cosas. En nuestra cultura de satisfacciones inmediatas y de vivir la vida a un ritmo acelerado, a veces se pierde la noción de que los procesos emocionales tienen sus propios tiempos, sobre todo si de sanar se trata.

Cuando por fin llegue el día en que te sientas lo bastante fuerte para mirar atrás y ver todo el camino que has recorrido, te sentirás orgullosa de ti misma, con una sensación de tranquilidad, paz y logro por haber podido sobrellevar una situación tan difícil y dolorosa de la mejor manera posible.

El regalo oculto en un duelo es que te obliga a cambiar como persona. Si contemplas el dolor como una vía para crecer, conocerás un aspecto maravillosamente fuerte de ti, rediseñarás tu vida y descubrirás lo que en verdad te importa. Si lo permites, tendrás un nuevo lado de tu ser.

Ejercicio

Toma un tiempo para releer las etapas del duelo y luego contesta con honestidad las siguientes preguntas.

1. ¿Te ves reflejada en una de las etapas?

2. ¿Cómo estás lidiando con tu dolor?

3. ¿Con quién cuentas para que te apoye en forma incondicional?

4. ¿Qué tiene que cambiar en ti para alcanzar una condición más sana o estar más en paz?

5. ¿Estás buscando comenzar una relación en este momento? ¿Con qué fin?

6. ¿Qué actividades que te nutren estás realizando?

7. ¿Qué hábitos que no son saludables para ti necesitas dejar de hacer?

Responder a estas preguntas te ayudará a aclarar el sitio exacto en el que estás y hacia dónde deberás dirigirte para seguir tu proceso de sanación. Quizá desees contestar estas preguntas verbalmente, pero te invito a que utilices este espacio diseñado para ti y escribas tus respuestas en la hoja. Escribir ayuda a concretar y explicitar, te obliga a ordenar tus pensamientos y es sumamente útil para la introspección.

Un trabajo continuo

A lo largo de tu duelo, o tal vez al llegar a la etapa de aceptación, convendrá que trabajes de alguna forma cualquier secuela que te haya dejado tu relación pasada.

Buscar una nueva pareja mientras sigues con el corazón espinado te traerá resultados poco sanos. ¿Has escuchado de la profecía autocumplida? Es un término muy conocido en psicología y se refiere a que una persona, de manera inconsciente, busca provocar exactamente lo que más teme para así poder tener la razón en algún nivel.

Un ejemplo elemental y cotidiano de esta profecía es cuando una mujer dice a sus amigas "¡lo sabía! ¡Es que todos son iguales!" Con seguridad ella pretende confirmar un paradigma que tiene acerca de los hombres.

Esta tendencia a generalizar las cualidades negativas de un ex novio puede cegarte cuando conozcas a alguien nuevo.

Veamos unos ejemplos de paradigmas comunes que se forman tras romper una relación.

- Todos los hombres son unos mentirosos.
- Todos los hombres son infieles.
- Todos los hombres son irrespetuosos.
- Todos los hombres son unos borrachos.
- Todos los hombres son hijos de mami.
- Todos los hombres son inmaduros.
- Todos los hombres son irresponsables.

Ahora, si combinamos alguno de esos paradigmas dictados por la sociedad y los pensamientos de la niña interior que anida en todas las mujeres, el resultado sería algo como:

> "Seguro Felipe es un mentiroso como todos los demás. Por eso se la pasa viendo su celular a escondidas cuando piensa que no me doy cuenta, pero, como ya tengo que casarme o se me va el tren, no me importa."

Toma en cuenta que este es un ejemplo de un patrón que yace bajo tu mente consciente, no se trata de pensamientos que nos son claros. Para ayudarte a traer algunos de tus paradigmas a la superficie, te será muy útil el siguiente ejercicio.

Ejercicio flash

Completa estas frases con lo primero que venga a tu mente, sin censura alguna.

1. Los hombres me:

2. Los hombres son:

3. Si no me caso ya me:

4. Mi último novio me dejó:

5. Siempre tengo que aguantar que:

6. Lo que nunca he logrado con una pareja es:

7. Siempre los busco:

8. ¿Por qué los hombres no pueden ser más:

_____?

9. No me he casado porque:

10. Me voy a casar cuando:

¿Qué descubriste con este ejercicio? ¿Te sorprendieron algunas de las frases que escribiste? ¿Te queda claro que tienes un modelo de pensamiento? ¿Cuál crees que sea tu resultado si buscas a un hombre desde esta postura?

Acude a terapia

Cambiar los paradigmas que formas toma tiempo y paciencia. A ratos lo único que requiere es que mantengas la mente abierta y te des la oportunidad de conocer a gente sin aferrarte al juicio que tienes, permitiéndote cambiar de opinión. Otras veces requiere que lleves un proceso de introspección acompañado por una psicóloga o terapeuta. Acudir a un profesional que te acompañe a lo largo de un proceso es como si alguien de pronto te pusiera frente a un espejo en un ángulo en que nunca antes habías estado.

Es profundamente liberador poder deshacerte para siempre de las espinitas enterradas en ti.

Si quisieras pasar por un proceso terapéutico, mi recomendación es que tu terapeuta sea una mujer para evitar la transferencia de sentimientos hacia un hombre, y que pruebes con tres o cuatro terapeutas antes de decidir con quién quedarte. Sabrás que has encontrado a la persona ideal con quien trabajar porque habrá un *click*, sentirás que se entienden a la perfección y saldrás de la primera sesión sintiéndote un tanto más ligera.

No temas hacerle preguntas a tu terapeuta. Algunas (o algunos), son muy directas o hablan mucho, otras casi no hablan o tienen un proceso más suavecito; por tanto, en la primera sesión pregunta cuál es su estilo para así saber si hacen un buen empate. Si sientes que no te ayuda o quisieras trabajar de forma distinta, no dudes en mencionarlo; la terapeuta te dará una respuesta honesta y clara sobre qué se puede hacer al respecto.

Durante tu búsqueda de una buena psicoterapeuta, encontrarás diferentes servicios, algunos de los cuales explico con brevedad a continuación.

Constelaciones Familiares: te ayudará a entender cómo tus patrones de conducta actuales están ligados a tu sistema familiar. Esto no es individual, se lleva a cabo en grupos y es una herramienta muy poderosa para poder comprender cómo el contexto de tu familia ha influido en las decisiones de vida que has tomado.

Técnica de Liberación Emocional: También conocida como EFT (por sus siglas en inglés), te ayudará a deshacerte de ideas limitantes y desarrollar la autoaceptación mediante técnicas de liberación energética que podrían compararse con hacerte acupuntura con los dedos. Lo maravilloso de esta técnica es que es muy rápida y tiene el poder de acelerar tu proceso terapéutico.

Sanación Theta: Te ayudará a sanar heridas muy profundas que podrías arrastrar desde hace mucho tiempo y que tal vez afectan cómo vives tu presente. En vez de hablar las cosas durante varias sesiones, se trabaja con base en visualizaciones y meditaciones.

La sanadora trabaja junto contigo para que la sanación sea profunda y duradera.

Esta técnica es una joya si atraviesas por un duelo fuerte o has cargado con enojo o tristeza desde hace mucho tiempo; en verdad vale la pena realizarla, siempre y cuando sea con alguien altamente calificado.

Flores de Bach: El creador, Edward Bach, parte de la premisa que las enfermedades corporales son una manifestación física de problemas emocionales que tiene la persona. En sí, las flores de Bach son una serie de esencias que están diseñadas para ayudar a disminuir la intensidad con la que vivimos ciertas emociones tales como el miedo, la soledad o la desesperación. Puede ser un acompañamiento muy útil de un tratamiento psicológico.

Reiki: El reiki se ha puesto bastante de moda y ahora hasta existe el reiki angelical. Dicho simplemente, es una técnica japonesa que consiste en la transmisión de energía de una persona a otra con el fin de sanar heridas tanto físicas como emocionales.

La técnica suele relajar al paciente profundamente y promover la reducción del estrés.

Alternativas esotéricas: Tal vez seas de las mujeres que prefiere ir a que le lean las cartas o la carta astral. Aunque esto podría resultar útil y divertido, ten cuidado con tu intención. ¿Lo haces para saber cuán rápido vendrá otro hombre a tu vida?

¿Quieres evitar a toda costa trabajar en ti misma y prefieres que alguien más te diga tu suerte?

¿Buscas que alguien te asegure que estarás bien a pesar de todo?

Estas preguntas son válidas, pero es importante entender que si deseas una relación de pareja sana, necesitas hacer el trabajo interno necesario para poder atraer una relación sana.

En lugar de buscar desesperadamente al príncipe azul perfecto que llegue cabalgando y te rescate de tu sufrimiento, concéntrate en convertirte en una princesa.

Por último, te invito a ver tu proceso de recuperación de la ruptura de una relación significativa tal como verías el de ponerte en forma después de atragantarte a morir durante las fiestas navideñas. No puedes pedirle a alguien que haga "lagartijas" por ti, o que se ejercite en la caminadora esperando sentir tú los resultados.

Quien llevará un proceso de unos meses en el que a diario tomes decisiones en cuanto a tu manejo del tiempo, dieta, ejercicio y actitud eres tú.

Si te pones como tu propia prioridad y cumples tus metas diarias, te aseguro que verás resultados; de lo contrario, nada cambiará.

¿Qué tal si tienes hijos?

Si tienes hijos todo es aún más complicado. Recuerdo a una mujer de 35 años que desempeñaba el puesto de gerente de ventas en una revista en Camboya, y que llamaré Roth. Pese a que ella y yo nos teníamos un gran cariño, peleábamos a diario. Tenía la voz más fuerte que jamás escuché en una mujer asiática, vestía siempre con ropa ajustada y sus tacones puntiagudos se hacían escuchar a leguas. Además, siempre tenía a la mano tres celulares: uno del trabajo, uno que le había regalado un pretendiente y uno comprado por ella misma. Un día, con el pretexto de hacer las paces con ella y de intentar (de la manera más sutil posible) decirle que sus extensiones no le iban en lo más mínimo, la invité a tomar un café.

"Si deseas una relación de pareja sana, necesitas hacer el trabajo interno necesario para poder atraer una relación sana."

Le pregunté por su familia y ella tuvo que silenciar su Nexus para contarme que tenía cuatro hijas, de ocho, siete, cinco y tres años de edad. Todas vivían en la misma casa de paredes verdes con la mamá de Roth, quien estaba bastante enferma. Sé que en Camboya divorciarse es muy mal visto, por lo que le pregunté con toda inocencia "¿y qué pasó con tu hombre?" Roth lanzó un fuerte suspiro, recogió su cabello –con todo y extensiones– y se hizo un chongo.

Pues mira, divorciarme fue súper difícil. Tú bien sabes que aquí la gente es muy metiche, que además no es bueno que una mujer se divorcie. Quería dejarlo porque me trataba muy mal, pero la idea me aterraba.

No te miento, Cas, pasé muchos, muchos meses, pensando que mejor debería sostener la relación porque no tenía dinero suficiente para pagar el colegio de mis hijas yo sola. También me atemorizaba lo que fueran a decir de mí.

Un día, él me golpeó enfrente de mi hija mediana. Mi hija, en su pijama de princesa, se quedó paralizada, me veía con los ojos muy abiertos y ahí me di cuenta de que tenía que alejarme de ese hombre.

Siempre me visto muy bien y me maquillo mucho porque pienso ¿y por qué no? Quiero sentirme fuerte, empoderada, atractiva, libre. Trabajo muy, muy duro para poder mantener a mi madre y a mis hijas, y te confieso que si no fuera por ellas jamás hubiera tenido la fuerza de tomar esa decisión. Ellas son mi mayor motor."

Aunque ya casi habíamos terminado el café Khmer (que consiste básicamente de una gran cantidad de leche condensada y un poco del café más fuerte que jamás he probado en mi vida, el gusto no me duró mucho), le pregunté si aún se preocupaba por dinero o por encontrar a un hombre. Cuando escuchó mi pregunta, por primera vez desde que la conocí, Roth bajó la mirada y habló con un tono quedo.

Claro, sí, por supuesto que me preocupo. Muchísimo. Hay meses en los que no sé cómo voy a pagar la renta o los medicamentos de mi madre ni de dónde voy a sacar para la comida del fin de semana. Cuando eso ocurre, no me gusta pedir ayuda a otras mujeres pues tengo miedo de que me juzguen. Mi jefe conoce mi situación y me da muchos ánimos. Es él quien siempre me dice que preocuparme no ayuda, que mejor me ponga a trabajar, que el dinero vendrá.

Si te soy sincera, claro que se me antoja tener a un hombre, ¡todas necesitamos amor y cariño! Pero mis hijas son lo primero. Tengo que encontrar a un hombre que las quiera y las trate bien, y cuidar mi reputación para que no les lleguen malos chismes a mis hijas. No sé, si un hombre me habla o me invita a salir, claro que voy, pero tendría que ser alguien muy especial como para que entre definitivamente en mi vida.

Con esto salimos del café. Jamás le comenté que debería cambiarse esas extensiones, solo me quedé pensando en todo lo que tenía que hacer a diario esta mujer. La había juzgado prematuramente, pero en realidad demostró ser alguien de un gran corazón, que logró pasar del miedo al fracaso y la soledad, a la fuerza y la autorrealización.

Ejercicio de reflexión

Este espacio es exclusivo para ti, por lo que es importante que contestes las preguntas de manera honesta.

1. ¿Cuál es la historia con la que más te identificas?

2. ¿Qué es lo que más te preocupa de ser soltera?

3. ¿Cómo han cambiado tus estándares de relación al sentirte desesperada por encontrar a una pareja?

4. ¿Percibes que tu autoestima fluctúa en función de la atención que recibes de los hombres?

5. ¿Qué es lo que esperas del matrimonio?

6. ¿Quién o quiénes hacen que aumente tu sensación de presión por casarte? ¿Cuál crees que sea la intención de estas personas al presionarte?

7. ¿Con qué frecuencia revisas tus apps para solteros? ¿Con qué frecuencia vas a eventos para solteros?

Recuerda que actuar desde la desesperación manda la señal de que necesitas ser aceptada a toda costa. Le entregas tu poder por completo a otra persona, ya que piensas que sin él te es imposible sentirte plena, feliz o realizada.

Concluyendo

Hasta ahora te he pedido que extiendas tus posibilidades, que crezcas, que notes lo incómodo, que encares lo que no te guste en tu vida y lo cambies por algo positivo, que cambies tus hábitos para que seas una mujer feliz, fuerte, llena de proyectos y con una clara idea de quién eres independientemente de tu pareja. Hemos abordado ampliamente los hábitos que provocan que los hombres no nos respeten, no nos traten como queremos y que, en última instancia, provocan mucho sufrimiento.

Quizá te resulte cansado leer una y otra vez sobre la conveniencia de salir de tu zona de confort, de hacer introspección y asumir la responsabilidad de tu vida sin esperar que otros lo hagan por ti. Quizá te harte escuchar que "si tan solo cambias un poco, todo será maravilloso". Quizá pienses que se trata de una tarea inmensa. Quizá dudes si en verdad vale la pena invertir semejante esfuerzo si, a fin de cuentas, todos los hombres son iguales y, te comportes como te comportes, al parecer a tu alrededor no quedan más que patanes. Lo conocido puede ser doloroso, pero al menos es conocido.

Si pasas por momentos muy difíciles, puedes llegar a pensar que en realidad no quieres un príncipe, sino simplemente alguien que te haga compañía y te distraiga un poco de lo que sientes. Bien, si esto quieres, adelante. Si te parece difícil mantenerte enfocada en ti misma y en tu crecimiento, y prefieres ver hacia afuera, puedes hacerlo. Aquí te he invitado a analizar y compartir información. Información sobre lo que piensas, sientes, haces y manifiestas en tu vida diaria. Lo que tú decidas hacer con ella y con las herramientas que aquí presento está completamente fuera de mis manos. Cierra los ojos e imagina que nada cambia, que todo queda igual, que eres víctima de circunstancias fuera de tu control y que "las cosas se arreglarán solas". Para cerrar, no puedo evitar preguntarte: ¿qué sientes al ver este tipo de futuro para ti misma? ¿Qué será más doloroso? ¿Pasar por cambios o seguir igual?

Ahora, cada quien a lo suyo. Quizá notes que pregunto repetidamente quiénes son las personas que más te presionan y cuál crees que sea su intención al hacerlo. El objetivo es que te liberes de sus puntos de vista, que entiendas que lo que te dicen es parte de su propia historia y, aunque es bueno escucharlos con mente abierta, a fin de cuentas ellos quienes tienen que responsabilizarse de lo que les provoca tu situación. No eres, en ningún momento, responsable de la felicidad de quienes te rodean, ni te será posible darle gusto a todos.

Capítulo 6

¿Por qué nos hacemos tantas bolas todas?

La paz no es la ausencia de problemas, sino la ausencia de dudas. —Sunya Sachter

Pareciera que, sin importar qué decisiones tomemos, todas las mujeres vivimos algún tipo de crisis en algún momento. Las solteras ven con lujuria y anhelo al único soltero en la boda de la amiga y rápidamente se dedican a imaginar cómo sería una relación entre ambos. A las solteras que están solteras porque así lo han elegido conscientemente, les llega un momento en que se preguntan si han cometido un error. Las casadas sin hijos encuentran proyectos en los que pueden canalizar energía y cariño para crear algo propio.

Las casadas con hijos se enfrentan a la elección de ser madres de tiempo completo y olvidarse de su carrera, o ser madres que trabajan pero que tienen que lidiar con un tremendo sentimiento de culpa siempre que se despiden de sus hijos. Estas crisis se manifiestan de todo tipo de formas, desde unas noches de angustia en las que no duermas bien pensando en lo mal que van las cosas hasta una depresión clínica.

¿Por qué sucede todo esto? Volvamos un poco al tema del primer capítulo. Antes, había un plan, un mapa definido de lo que las mujeres teníamos que hacer con nuestra vida. Si bien este rol se limitaba básicamente a la cocina y las funciones sociales, al menos era bastante claro lo que se esperaba de nosotras. La libertad que tenemos ahora para redefinir nuestro rol es una maravilla, pero conlleva múltiples replanteamientos que tenemos que hacernos a nivel individual. Las mujeres solteras necesitamos lidiar con la vocecita de nuestra niña interior, la voz de la mujer adulta, las voces de la sociedad y los mensajes de los medios. La plétora de opciones, en conjunto con la falta de un mapa claro de lo que debemos hacer con nuestra vida, puede resultar ser algo desastroso.

Hace un tiempo, viendo videos en YouTube con una colega mía, escuchamos una charla de Tony Robbins, un gurú del desarrollo personal de nuestros tiempos y autor de varios libros al respecto. Robbins explicaba que todos tenemos una impronta psicológica que desarrollamos en la infancia y queda guardada en nuestro ser de forma subconsciente. Cuando al crecer vemos que nuestra vida no empata con esa impronta psicológica y las expectativas que esta generó en nosotros y, además, sentimos que no hay manera de remediar la situación (esto es, nos invade una sensación de impotencia ante la situación), se genera una especie de quiebre.

Varias corrientes psicológicas comparten la teoría de que varios de los paradigmas que nos formamos durante la infancia nos acompañan en la vida adulta, y nos trazan un mapa o guía de cómo es el mundo, cómo somos nosotras y cómo debería ser nuestra vida. Quizá te parezca cursi pensar que en esta etapa tengas que lidiar con las ilusiones albergadas por tu niña interior acerca de tu vida, pero en realidad hacerlo es de una enorme importancia.

Veamos un ejemplo de este planteamiento.

Sara estaba sentada frente a mí y el delineador oscuro que usa para sus ojos cafés corría por sus mejillas a la par de sus lágrimas. Era muy raro ver llorar a Sara. Pese a ser de carácter sensible y artístico, siempre me pareció una mujer de espíritu libre que se preocupaba poco por los cánones sociales y las opiniones de otros. A sus 36 años de edad, había vivido en muchas partes del mundo y, aunque era originaria del norte de México, decía que su verdadero hogar era París, ciudad donde tenía un trabajo que adoraba y podía practicar baile contemporáneo a diario.

Ese día la Sara sentada frente a mí era muy diferente; me dijo que no había dormido bien en varias semanas y que se sentía sumamente angustiada. Aunque amaba su libertad, dijo que siempre imaginó que a su edad estaría casada con al menos dos hijos. En ese momento de su vida, la relación más larga que había tenido fue a los 30 y duró dos años. Los tipos artísticos que solía atraer como imán la entretenían mucho, pero a fin de cuentas siempre les faltaba solvencia económica y ella terminaba siendo el pilar de toda la relación, tanto en lo emocional como en lo económico.

Entre lágrimas me dijo que sentía una sensación de fracaso, como si hubiera hecho las cosas muy mal y todos los demás logros de su vida no fueran relevantes. Cuanto más hablaba, más comenzaba a pasar rápidamente de la tristeza a la irritación y a la desesperación. "Ya no me importa más, lo que quiero ser es madre. No me importa quién me lo dé y si se queda en mi vida o no, lo que quiero es estar panzona y luego tener un bebé en mis brazos. Punto", me decía.

¿Qué pasa con Sara? Es sencillo. Su impronta psicológica (recuerda que esta impronta está enterrada en lo profundo del subconsciente, no es algo que se muestre a diario) tenía como esquema ser una mujer casada, con al menos dos hijos y un buen trabajo para cuando tuviera la edad de 30 años. Al crecer, los paradigmas de Sara evolucionaron y la vida la llevó por otro camino. La disonancia entre lo que pensaba –muy en el fondo– que se convertiría y la realidad le provocaba mucha discordia. Ahora se ve inmersa por completo en una situación de pánico, en la que da vueltas a la idea de acostarse con cualquiera con la intención de quedar embarazada, sin pensar mucho en lo que ser madre soltera implica. El reloj biológico, en conjunto con su "yo chiquita", le gritan "ahora o nunca, Sara. ¡Apresúrate!" Sobra decir que, irónicamente, su desesperación absoluta por conseguir a cualquiera, ha funcionado como un eficiente repelente de hombres.

Cuando vemos que la impronta formada en nuestra niñez es diferente de la vida que llevamos como adultas, en esencia hay dos alternativas: o cambiamos la impronta psicológica para ajustarnos a la realidad, o cambiamos nuestra realidad para ajustarnos a la impronta. En el caso de Sara, mi amiga hace ahora una mezcolanza de ambas. Lo que más le importa es convertirse en madre, por lo que intenta cambiar con rapidez su realidad para ver satisfecho ese deseo, aunque no cree lograr lo mismo con la idea de casarse. La sensación de que nada puede hacer para cambiar esta situación causa que las emociones de Sara sean aún más agudas. Con desesperación busca cumplir con al menos uno de los objetivos de su impronta. Ella misma me dijo "sé que no es la mejor manera de hacerlo, pero ya no me queda otra opción".

Haciendo ajustes

A ratos, conciliar tu impronta con tu realidad puede ser un proceso difícil. Requiere paciencia, dedicación y, en ciertos casos, el apoyo de una psicóloga o una terapeuta. Aunque cada mujer es diferente, algunos ejercicios sencillos pueden ser muy útiles.

Ejercicio

A continuación, anota en los espacios lo que se te pide, para ver qué puedes aprender de ti misma.

1. Describe una situación que te haga sentirte deprimida o angustiada (por ejemplo, "quiero a alguien porque me siento súper sola").

2. Describe cómo crees que llegó a formarse esa idea en tu interior (por ejemplo, "Mi mamá siempre me dijo que si tengo un buen marido, entonces contaré con alguien que me cuide y me ame incondicionalmente por el resto de mis días").

3. Piensa cuál es el anhelo no resuelto intrínseco en ese pensamiento (por ejemplo, "quiero compañía y amor incondicional por el resto de mi vida").

4. Evalúa si este anhelo aún es importante en tu vida. A lo mejor has descubierto que de nada te sirve pensar de esa forma y estás lista para soltar este paradigma. Si no lo estás, pasa al siguiente punto.

5. Piensa en al menos cinco maneras diferentes en que puedas, desde tu vida actual, cumplir el anhelo que descubriste de forma diferente de la que te planteaste originalmente; por ejemplo, a) frecuentar mucho más a mis amistades profundas para sentirme acompañada, b) cultivar una mejor relación conmigo misma para que no me angustie el estar sola, c) entrar en un programa de voluntariado en donde entregue amor incondicional.

6. Escribe cuál sería el primer paso concreto que tendrías que dar para acercarte a tu meta, así como la fecha en que lo quieres lograr. Es fundamental que sea una meta medible para que sepas perfectamente cuándo ya la has cumplido (por ejemplo, "llamar al doctor Sonrisas el jueves a las 4 para pedir informes sobre voluntariados, llamar a Georgina el viernes para hacer planes de fin de semana").

7. Después de haber seguido estos pasos, vuelve a evaluar cómo te sientes. Recuerda que esto no es magia; requerirá tiempo, dedicación y paciencia de tu parte, pero en forma lenta podrás cumplir con tu anhelo desde donde te encuentres en este momento. Será muy útil hacer cosas pequeñas para cambiar tu estado de ánimo durante este ejercicio, como tocar música de fondo que te ponga de buen humor o hacer un esfuerzo consciente por cambiar tu postura corporal. Según el Instituto Americano del Estrés, tan solo cambiar tu manera de respirar a una respiración profunda y lenta puede reducir considerablemente los niveles de estrés en tu cuerpo.

¿Qué hay en el fondo?

En épocas anteriores, se esperaba que crecieras y te casaras con un hombre de tu misma –o mejor– clase social, tuvieras hijos y mantuvieras tu hogar en orden. Ahora se espera que alcances éxito laboral, tengas buen cuerpo, te cases con alguien apuesto y adinerado, sepas cocinar delicioso, mantengas la casa impecable, seas buena mamá y guardes las apariencias. Además, es importante que te des el tiempo para estar bien arreglada, salir con tus amigas y salir de viaje con tu esposo. Si estás soltera, es válido que te diviertas con diferentes chicos, pero no que sea al grado de que te ganes una mala reputación. Está bien que te valgas por ti misma, pero no al grado de intimidar a un hombre. Que estés ocupada con tu vida social y laboral, pero no al punto de que descuides el gimnasio y te veas tan desarreglada que nadie se interese en ti. Que te sientas segura de ti misma y seas extrovertida, pero, de nuevo, hay que disimular un poco al estar frente a los hombres, ¡no vayan a pensar que eres tan independiente que no los necesitas para nada!

El problema es que recibimos estos mensajes contradictorios en diferentes momentos de nuestra vida y la manera en que los recibimos determina la autoimagen que construimos. En ocasiones no nos percatamos de que una idea que nos formamos a los 13 años es drásticamente diferente de la que nos formamos a los 33, hasta que una situación externa nos ayude a darnos cuenta de ello. El paradigma que predomina no es necesariamente el que tienes más presente, sino el que está arraigado de manera más profunda, sin importar si la situación es grave o banal.

Por ejemplo, ¿te has visto en alguna de estas situaciones?

- Piensas que eres una persona muy tolerante hasta que ves a tu mejor amigo gay besar a otro hombre y de pronto descubres que no te es tan fácil convivir con eso.
- Piensas que eres amante de la igualdad de géneros, hasta que descubres que no quieres volver a ver al hombre que pidió que pagaras la mitad de la cena en la primera cita.

❧ Piensas que no te importa el matrimonio hasta que eres dama de honor de tu mejor amiga y de la nada descubres que mueres por vestirte de blanco y tener tu fiesta ideal.

❧ Piensas que no te importa la clase social de tu pareja, hasta que tienes que presentarlo a tus papás y descubres que te incomoda horriblemente que perciban que su estilo de vida es tan diferente del tuyo.

❧ Piensas que seguro querrás ser una mamá que trabaja hasta que juzgas a tu amiga por dejar a su hija todo el día con la empleada doméstica.

❧ Piensas que puedes tolerar al chico fiestero que tanto te encanta hasta que salen juntos y él se cae de borracho mientras tú tienes que cuidarlo delante de todas tus amigas.

❧ Te encanta que tu chico te apoye totalmente en tu carrera, pero cuando descubres que tu sueldo es mejor que el suyo, lo consideras como poco hombre.

Veamos un ejemplo más.

Durante sus estudios universitarios, Carmen fue abogando cada vez con más fuerza por los derechos de la mujer. Se graduó con honores y comenzó a trabajar para un bufete de abogados de Nueva York. A los 26 años conoció a Jack, un estadounidense muy guapo y súper exitoso. Al poco tiempo se casaron y se mudaron a Brooklyn. Al iniciar su matrimonio, los dos se llevaron una enorme sorpresa. A pesar de que Carmen era muy trabajadora y adoraba que Jack la tratara con respeto y admiración, esperaba que él la mantuviera económicamente en cuanto se mu-

daron juntos. Jack, por su parte, esperaba que ella pagara la mitad de los gastos de la casa.

Cuando Carmen me contó esto, le pregunté sorprendida cómo era posible que no hubieran discutido este punto crucial antes de casarse. Ella me miró con pena y contestó "es que te juro que no pensaba que fuera a importarme tanto, pero cuando me dijo que tenía que pagar la mitad de todo me enojé muchísimo".

Este es otro de los trucos que puede hacernos nuestra impronta psicológica. Aunque Carmen es una chica muy liberal y progresista, muy en el fondo de su ser tenía la idea de que el hombre mantenía a la mujer. Jack, por su parte, creció en una familia en la que ambos padres trabajaban y daba por hecho que Carmen, con su pasión por la igualdad, pensaba como él.

Natalia, una amiga estadounidense de cabello rubio y ojos azules, vivía en Europa. Natalia detestaba mezclarse con personas de su país y siempre tuvo novios extranjeros. Después de dos años de salir juntos, su novio Apolo le propuso matrimonio. Nunca la había visto tan contenta, le presumía su anillo a todo mundo y lucían felices en sus fotografías de compromiso. Tres meses más tarde, Natalia regresó a Estados Unidos sin su anillo. Apolo, por su parte, volvió con el corazón hecho añicos a Nigeria, su país de origen. Resulta que, aunque Natalia amaba con todo su corazón a Apolo, no podía imaginarse como madre de niños que no se parecieran a ella físicamente.

Al actuar desde la desesperación muchas veces nos silenciamos por miedo a perder la relación en la que estamos. Pensamos "bueno, pero mi 'peor es nada' quizá no sea tan malo". Sin embargo, lo que te pido tomes en cuenta es que esas creencias que tienes profundamente arraigadas saldrán a la luz tarde o temprano. Una y otra vez he visto a amigas cometer este error. Cambian sus revistas por libros intelectuales, el tipo de música que escuchan, el tipo de vacaciones que toman, el tipo de lenguaje que utilizan y, después de un rato, la relación truena porque ellas quieren vivir en un *pent-house* y él, en la playa (o viceversa, claro).

Es esencial llegar a conocerte de manera profunda. Puedes lograrlo de muchas maneras: yendo a terapia, viajando sola o con amigos, escribiendo en un diario, tomando cursos o, de plano, practicando el método de prueba y error en tus relaciones.

"Al actuar desde la desesperación muchas veces nos silenciamos por miedo a perder la relación en la que estamos."

La segunda parte de este proceso consiste en ser completamente honesta contigo misma y con tu pareja. Es normal que callemos por temer que la otra persona nos juzgue, nos deje, no nos quiera por quienes somos de verdad o porque somos introvertidas o pensamos que nuestra voz no vale. Aunque esto sucede con frecuencia, ser asertiva detrás de puertas cerradas en una relación y expresar con total franqueza qué es lo que necesitas y esperas de una relación, puede ahorrarte muchos problemas en un futuro. Además, tal vez la otra persona escuche las necesidades que estás comunicando y ajuste su forma de actuar. Lo más importante es que tu miedo a quedarte sola no sea una razón para aceptar lo que no quieres en realidad.

Ejercicio flash

Contesta con honestidad las siguientes preguntas y observa si encuentras algún patrón de conducta.

1. ¿Con que frecuencia entablas una relación con una persona que sabes que nada tiene que ver con el perfil que buscas en una pareja?

2. ¿Qué ha pasado cuando te das cuenta de que te has relacionado con alguien que no es compatible contigo?

3. ¿Qué ideas sobre cómo debería de ser tu vida has intentado cambiar para poder conservar una relación con un hombre?

4. Ahora piensa en una relación sana y satisfactoria que hayas tenido. ¿Qué filosofías de vida sí compartían?

Antes de continuar, quiero aclarar que hay una diferencia entre divertirte y entablar una relación con alguien. Es fundamental que te quede claro lo que quieres cuando sales con una persona. ¿Es un ligue? ¿Es algo serio? ¿No tienes idea? ¿Es algo meramente físico? ¿Esperas con ansia que sea tu príncipe azul? Se vale salir con diferentes chavos y divertirte, pero hay que evitar salir con hombres que sabes que no son muy compatibles contigo esperando con ansia que, como por arte de magia, tu psique se ajuste, las discrepancias desaparezcan y sean felices para siempre. Recuerda que cuanto más claro tengas lo que sí quieres y lo que no quieres en una relación, más fácil te será encontrar a alguien con quien seas realmente compatible a la larga.

De igual forma, al aprender sobre ti misma es necesario que sepas qué estás dispuesta a dar y cuál es tu límite. No se trata solo de exigirle a otro que sea una maravilla, hay que conocer bien cuáles son tus cualidades emocionales y cómo quisieras ponerlas en práctica. Te pongo un ejemplo simple. En mi caso soy una persona muy cariñosa, no me resulta difícil demostrar afecto o cariño. Sin embargo, soy malísima para los detalles materiales, no se me da. Soy muy buena para organizar las finanzas de la casa, pero pésima para cocinar. Soy romántica en términos de poemas y cartas, pero no me pidas pensar en una canción romántica de Luis Miguel porque mi mente queda en blanco. Me gusta trabajar a la par con mi pareja y distribuir responsabilidades de la casa, pero sí estoy dispuesta a llevar un poco más de carga en cuanto a la limpieza del hogar. Aunque me encanta salir de fiesta con mi pareja y hacerme amiga de sus amigos, no soporto a un hombre que sea muy briago. Soy excelente escucha y me gusta mucho conversar con mi pareja y contar muchos chistes, pero soy sensible a las burlas.

"Saber qué es lo que en verdad te gusta en un hombre y a qué no le tienes paciencia, se vuelve cada vez más útil conforme pasa el tiempo."

Ahora es tu turno. Piensa en lo que estás dispuesta a dar, empezando por ejemplos sencillos como los que acabo de mencionar.

¿Qué es lo que sabes que estás dispuesta a dar? ¿Qué puede esperar de ti tu pareja? ¿Te consideras amorosa, trabajadora, cálida, cursi, práctica, atenta? ¿Te imaginas cuidando a tu marido? ¿Estarías dispuesta a hacer todas las tareas del hogar? ¿Quisieras más bien trabajar y tener a alguien que te ayude con las tareas de limpiar la casa y cocinar? ¿Te gusta salir mucho o quedarte en casa?

Todo esto tipo de cosas, por pequeñas que sean, son importantes. Saber qué es lo que quieres y puedes ofrecerle a tu pareja te permitirá ser honesta desde un inicio y evitar prometer lo que no quieres o no puedes cumplir.

Saber qué es lo que en verdad te gusta en un hombre y a qué no le tienes paciencia, se vuelve cada vez más útil conforme pasa el tiempo.

No se trata de que mandes a volar a un pretendiente a causa del más mínimo defecto, pero sí te dará una mejor idea de dónde poner energía si quieres salir con la intención de conocer a alguien o cómo editar tu perfil en línea si estás inscrita a páginas para solteros. No tendría caso, por ejemplo, intentar ligar en un evento de caridad si te parece que los hombres caritativos seguro son hippies empedernidos. Tampoco tendría mucho sentido salir buscando conocer a alguien en el antro más de moda de la ciudad si en realidad tu hombre ideal es un introvertido que ama ver películas de cine de arte un sábado por la noche.

Desde pequeñas, solemos pensar que tenemos que esperar a que un hombre nos escoja. ¿Recuerdas cómo eran las cosas en la secundaria? Todas las niñas sentadas de un lado esperando con angustia que el hombre que les gustaba las sacara a bailar. Muchas veces, si un chavo que no era tu favorito pero estaba "pasable" te invitaba, accedías. Nunca vi que una chava sacara a bailar a un niño, por más que muriera por él.

De adultas, suele ocurrir algo similar. Esperamos a que un hombre se nos acerque y nos demuestre su interés. Si no es precisamente el hombre perfecto, pensamos "bueno, al menos alguien ya me invitó a salir. Al rato lo cambio, o si no, pues me adapto a como es él y listo". Sin embargo, en este libro abordamos ya el peligro de comenzar una relación que, muy en el fondo, esperas que cambie en forma radical con el tiempo. Con franqueza, estas relaciones son las que menos te convienen y muy probablemente, resultarán una pérdida de tiempo.

¿Qué pasaría si cambiáramos nuestro chip? Esto es, en lugar de esperar con actitud pasiva que alguien nos preste atención y nos ayude a alejarnos de la soltería, seleccionar de forma proactiva a alguien que sí cumpla con el perfil que queremos y nos ayude a movernos hacia una relación plena. ¿Cómo sería diferente tu vida si actuaras así?

Dimensiones modernas

Para cerrar este capítulo, quiero tocar un punto con el que todas tenemos que lidiar hoy: compatibilidad de la vida en línea y la vida real. Podemos inferir mucho sobre una persona al ver cómo lleva sus redes sociales. Algunos casi no le prestan atención a esta parte de su vida, otros las usan como plataformas para expresar lo que opinan sobre política y otros tantos piensan que una *selfie* es lo máximo y no dejan de tomarlas.

Como he repetido, estas plataformas brindan a los usuarios libertad para proyectarse de la manera que deseen, lo cual llega a provocar un hueco enorme entre la realidad y lo que aparece en sus redes sociales.

Si te atrae la vida que parece tener alguien en particular, pero no la conoces a profundidad, es momento de cambiar eso. No te sugiero convertirte en detective o aumentar la intensidad de tu carácter, sino que hagas todo lo posible por corroborar que su vida fantástica en Facebook sea exactamente la misma que vive en carne y hueso. Si hay alguna disonancia, interésate más en la vida cotidiana y palpable que lleva, en la cual podrías participar.

Además de conocer cómo es su día a día para ver si lo que te atrajo en primera instancia también es una realidad palpable, te aconsejo conversar en persona lo más posible. Hay hombres (y mujeres, para el caso) cuya manera de escribir es por completo diferente de su manera de hablar. Por ejemplo, alguien muy tierno en su comunicación por mensajes puede ser frío en la vida real, alguien muy gracioso es un tanto aburrido, o alguien extrovertido en pantalla puede parecerte tímido en la realidad.

Si bien ahora muchas relaciones o amoríos comienzan en línea con pocas interacciones de carne y hueso, tómate el tiempo para descubrir qué es lo que quieres muy en el fondo; vale la pena descubrir, a la antigüita, cómo es cualquier persona que llegue a interesarte.

Y esto, por supuesto, implica conocerlo cara a cara.

CAPÍTULO 7

Cambio radical

S.O.L.T.E.R.O.S.

Situación óptima libre de traiciones, errores, reclamos y obligaciones sentimentales

Ya exploramos en qué forma la sociedad se encarga de crear presión alrededor del matrimonio, el cual se trata con una sensación de angustia. Ya exploramos cuáles son los factores personales que han creado tus hábitos y tu manera de interactuar con el sexo opuesto. Exploramos también el concepto de que la vida tiene varias fases y la soltería es ua estado pasajero que seguramente cambiará con el tiempo.

Una vez que comprendemos que somos el resultado de un contexto social mezclado con diversas características personales en una etapa específica de la vida, podemos darnos cuenta de que la manera en que manejamos las situaciones depende en gran parte de nosotras mismas. No podemos cambiar a toda la sociedad o las opiniones de la vasta mayoría de los mexicanos. No podemos cambiar cómo nos ven otras personas. Tampoco podemos cambiar nuestro pasado. Lo que sí podemos cambiar es cómo enfrentamos la tremenda carga psicológica que arrastramos y decidir si continuamos dándole importancia. Podemos decidir tomar el control de nuestra vida y seguir adelante.

No hablamos de salud, la soltería no es una enfermedad incurable. En nuestras manos está elegir a diario cuánto ejercicio hacemos, con quién y cuánto salimos, cuánto tiempo pasamos en Internet, qué comemos, cuántas veces consultamos el celular, si rezamos, hacemos yoga, meditamos, le prendemos velas a la Virgen, o nos despreocupamos por el amor y nos divertimos. Quizá no podamos controlar de qué humor nos levantamos, pero sí en qué medida intentamos cambiar nuestro estado de ánimo a lo largo del día. En fin, podemos cambiar del todo cómo vivimos la etapa de soltería.

Deseo compartir contigo las dos frases siguientes que, aunque breves y sencillas, al comprenderlas del todo, impulsaron un gran cambio en mi vida.

Todo depende de cómo lo dimensiones.
—Brenda Garza

No importa lo que te pasa, lo que importa es lo que te dices a ti mismo acerca de lo ocurrido.
—Luis Merino

Esto es, si pensamos que estar solteras en búsqueda de una pareja de vida es un problema enorme, sobre el cual no tenemos poder alguno, lo más probable es que tendamos a enojarnos o deprimirnos. Sin embargo, si lo vemos como una situación pequeña sobre la cual tenemos el poder, nuestros sentimientos al respecto serán diferentes por completo.

Al respecto, te recomiendo que hagas el siguiente ejercicio.

Ejercicio

1. Toma una hoja en blanco. Pinta una raya a la mitad para dividirla en dos.

2. En el lado izquierdo, describe cómo te hace sentir tu estado emocional actual. Expláyate y quéjate todo lo que quieras. ¿Qué es lo peor de estar como estás? ¿Lo sientes como un problema que te rebasa? ¿Lo percibes como algo horrible? ¿Has tocado fondo? ¿Cómo ha sido esa experiencia?

3. Después de llenar totalmente el lado izquierdo, tómate unos minutos de descanso y lee lo que escribiste.

4. Ahora, cuestiona tus enunciados y sentimientos. Por ejemplo, en realidad, ¿es tan malo esto? ¿Es un problema tan grave? ¿Puedo estar segura de que nunca podré encontrar a un hombre para compartir mi vida? ¿Vale la pena estar tan triste por algo así?

5. Ahora, del lado derecho, escribe una nueva interpretación de los mismos hechos. Esfuérzate por verlos como situaciones sobre las cuales tienes control, que son de dimensiones pequeñas y que, además, pueden incluso ser una etapa placentera en lugar de una tortura.

6. Mira las dos partes de la hoja. Ahí has anotado dos formas diferentes de contemplar la misma situación. Las circunstancias no cambian, nosotras mismas cambiamos cómo vivimos nuestra realidad.

Es muy importante que nos percatemos de nuestra capacidad de cambiar cómo nos sentimos. Somos libres para decidir qué nos decimos sobre lo que nos sucede y en qué forma lo resolveremos. Varias escuelas de autodesarrollo afirman que asumir la responsabilidad de nuestras acciones es uno de los pasos más importantes del crecimiento personal.

No tan solo nos dará la sensación de tener más control sobre lo que ocurre, sino también poder y libertad. Es como cambiar de ser pasajero en un barco a ser el capitán. Una herramienta muy útil para consolidar una nueva perspectiva sobre la misma situación son las afirmaciones positivas acompañadas de imágenes. Aunque suene cursi o improbable, repetir una frase varias veces a lo largo del día y ver una imagen que la acompaña, ayuda a reforzar un paradigma que se está formando.

Cuando Rhonda Byrnes puso de moda el concepto de la ley de la atracción en su libro *El secreto*, de pronto hacer un collage con imágenes y frases se volvió tan popular como comer chilaquiles en una tornaboda. Todos lo hacían a la espera de que las imágenes ayudaran a atraer un cambio en su vida.

Es cierto que la mente funciona con imágenes. Todo lo que sentimos o pensamos es una respuesta a una imagen, ya sea interna o externa. Siguiendo esta lógica, al ver el mismo estímulo (imagen) varias veces al día, tu cuerpo lanzará una respuesta emocional positiva ante él (felicidad, estado de relajación, emoción) que te llevará a realizar ciertas conductas. Estas conductas ayudarán a crear ciertos resultados en tu vida.

Cabe mencionar que una imagen nunca será suficiente. A menos que elijas realizar acciones diferentes a las que hacías antes, no conseguirás generar una diferencia en tu vida.

A este respecto te sugiero el siguiente ejercicio.

Ejercicio

El primer paso para crear este collage, es pensar en lo que quieres atraer. No es válido usar imágenes de mujeres llorosas y rodeadas de gatos. Elige imágenes (tomadas de una revista o impresas desde Internet) que se basen en lo que quieres para ti misma en un futuro, no en cómo te sientes en el presente.

Si estás de malas o te sientes triste, puedes hacer este ejercicio con una amiga o poner música que ayude a cambiar tu estado de ánimo. Además de elegir imágenes que te agraden (de una mujer rodeada de sus amigas, de una ejecutiva, de una mujer rodeada de una familia feliz, o de una mujer que ha salido de viaje), elige una fotografía tuya. Es importante que en ella salgas sonriendo de oreja a oreja y que te traiga excelentes recuerdos.

Una vez que cuentes con las imágenes más evocadoras posibles, así como con tu fotografía, acomoda todo en un corcho de forma divertida y cuélgalo en una parte de la casa por donde pases con frecuencia.

El segundo paso de este ejercicio consiste en poner una frase que acompañe las imágenes que has elegido.

¿Con cual de estas frases te identificas? Si ninguna te parece adecuada, busca una que te funcione mejor.

- En mi interior tengo todo para ser feliz. Yo creo mi felicidad día a día.

- Soy soltera porque quiero disfrutar mi vida sin depender de nadie.

- Estoy demasiado linda como para rebajar mis estándares.

- Yo soy una naranja completa.

- Quien está a mi lado se siente ilusionado por estarlo.

- Conozco mi valor.

- Tengo una relación profunda con la diversión y la libertad.

- Vivo para mí misma.

- Hoy elijo pasarla bien.

- Las cosas conspiran a mi favor.

- No quiero una relación perfecta, quiero a aquel que es perfecto para mí.

- Estoy en una etapa de mi vida en la que no necesito impresionar a nadie. Si te gusto, buenísimo. Si no, es cosa tuya.

Recuerda que la frase que elijas deberá llenarte de energía. Puedes ponerla junto a las imágenes que colgaste o en algún sitio de tu recámara. También en tu cartera o en tu automóvil. Cuanto más la leas, más recalcarás este nuevo estado positivo que sustituye al negativo.

"Somos libres para decidir qué nos decimos sobre lo que nos sucede y en qué forma lo resolveremos."

Y ¿qué ocurre con las críticas?

Es posible que llegues con mucha energía positiva a una reunión con amigas para descubrir que, en vez de apoyarte, se dedican a criticar lo que dices y a darte instrucciones sobre lo que deberías hacer.

Opinar sobre los problemas ajenos, repasar los chismes del día por morbo y sacarle el mayor jugo al dolor ajeno es parte de la naturaleza humana. La gente adora escuchar su propia voz cuando expresa una crítica o una interpretación de lo que te ocurre en realidad. Incluso, hay una parte de ti que, en constante diálogo contigo misma, opina, regaña, reprime, angustia y habla sin cesar.

Lo más importante es que opiniones siempre hay. Es decir, aunque te cases el día de mañana, las opiniones y los juicios no van a parar en ese momento. Todo lo contrario, habrá que chismosear sobre tu boda, cómo era el vestido, tu elección de hombre, la casa donde van a vivir, los hijos que quieren tener y el destino de la luna de miel. A menos que la persona con la que converses haya pasado por un proceso de autodesarrollo, es muy probable que morirá por darte un consejo, así se lo pidas o no.

Sé que es imposible pretender que no te afecten las opiniones de otras personas, sobre todo si son cercanas a ti, pero sí es esencial tomar en cuenta que estas son responsabilidad de ellas. El que les guste o no cómo vivas es asunto suyo y no debe angustiarte. Si les agrada lo que haces, ¡qué bueno! Si no les agrada, ¡no tienes por qué complacerlos todo el tiempo! Ahora, con esto no sugiero que lleves una vida irresponsable o hieras a otros; más bien, que cada cabeza es un mundo y es imposible que des gusto a todos los que te rodean. No hay una sola persona (ni siquiera la que ama ser la psicóloga del grupo y decirle a todas cómo arreglar su vida) que lleve una vida libre de problemas. Ninguna.

A toda mujer le preocupa algo, le pesa algo, la ha hecho llorar algo. Algunas son muy "suertudas" en el amor, pero sufren por el dinero, de manera que volvemos a lo mismo: la única opinión que puedes controlar, es la tuya.

Tú eres quien decide cómo hablarte y en qué medida hacerle caso a esa voz interna que te habla.

El que seas tú misma quien regaña o aconseja, no significa que tengas que creerte u obedecerte. Si una voz interna te dice "no puede ser que todos estén casadas menos yo y no hay un solo soltero guapo en la fiesta, ¡qué horror!", es válido que otra voz tuya conteste "ay, por Dios, deja ya de angustiarte y vamos a pasarla bien".

Refutar tus propios pensamientos constantemente es una de las armas más poderosas para cambiar cómo ves tu realidad. Tú decides a qué parte de ti le haces más caso.

¿Recuerdas cómo te sentías cuando comenzaste a leer el libro? Reflexiona ¿qué tanto han cambiado tu perspectiva y tus sentimientos? Si has cambiado tanto en tan poco tiempo, imagina lo que puedes lograr en cuestión de meses.

Lo mejor de ti

Uno de los regalos que nos brindan las etapas de crisis en la vida, es la oportunidad de convertirnos en otra persona durante el proceso de superación. Ya hablamos de lo que el dolor puede causarnos. Hay formas saludables y no saludables de lidiar con situaciones que resultan emocionalmente desgastantes. Esta etapa de tu vida es la oportunidad perfecta para reexaminar en quién quieres convertirte. Lo metáfora más trillada que siempre nos han contado es la de cómo se transforma la oruga en mariposa.

En mi caso, solía ser una persona extremadamente dura conmigo misma y con los demás. No solo esperaba un alto grado de perfección de los otros, sino que era muy introvertida y tímida. Pasar por un proceso de separación tan doloroso como el que viví con Diego me ayudó a ser mucho más humilde y comprensiva. Tener que mudarme a una ciudad donde conocía a poca gente y empezar de cero otra vez me forzó a ser mucho más extrovertida, platicadora y amiguera. Tuve que aprender a pedir apoyo de otros, a tolerar que me vieran como una mujer vulnerable y poco fuerte, además de relacionarme —un poco a la fuerza— con muchas personas de carácter fuerte con una vida y opiniones por completo diferentes de las mías. La nueva yo es más divertida, extrovertida, comprensiva y alivianada que la yo de hace unos años. Además, he aprendido que dar lo mejor de mí casi nunca garantiza resultados perfectos, pero siempre es suficiente.

Haberme quedado sin mi fuente de apoyo más fuerte (Diego) me obligó a ver lo fuerte que soy en realidad. Al principio me sentía débil, perdida y abrumada con todos los cambios en mi vida, pero poco a poco me di cuenta de lo mucho que aprendí a lo largo de los años que pasé junto a él. Todo lo aprendido se quedó conmigo y, aunque él no me acompaña más en mi día a día, las enseñanzas que la relación me dejó están ahí para siempre. Al hablar con hombres nuevos en mi vida, me doy cuenta de que tengo una idea mucho más clara de lo que quiero y lo que definitivamente no quiero para mi futuro. Sé lo que puedo tolerar y lo que me hace mal. Sé que, de momento, estoy en una etapa en la que yo soy mi propia prioridad y, si bien me encanta ahora salir y conocer a gente nueva, lo más importante es sentirme bien y completa por mí misma sin delegar la responsabilidad de mi felicidad a otro.

Ahora te toca a ti. Haz el siguiente ejercicio.

Ejercicio

Contesta las siguientes preguntas.

1. ¿Cuál es el regalo oculto en esta crisis?

2. ¿Cómo has cambiado para bien gracias a esta etapa de soltería?

3. ¿Qué es lo que aún quisieras cambiar más?

4. ¿Cuáles son tus mejores cualidades?

5. ¿Qué es lo que necesitas cambiar para poder ser la mejor versión de ti misma?

Te pido que te esfuerces por completar este ejercicio. Si en un inicio sientes que no hay forma de que la crisis te ofrezca un regalo oculto, respira profundo y toma un poco más de tiempo para encontrar un elemento positivo, por mínimo que sea. Ya que lo encuentres, enfócate en seguir con esa línea del pensamiento y en continuar los descubrimientos poco a poco.

Disfruta de ti misma

Aunque habrá días en que te desesperes contigo o con tus sentimientos, la idea es que disfrutes mucho de tu propia compañía y de quién eres. Las mujeres con mucha confianza en sí mismas no siempre son aquellas con una imagen perfecta o con millones de dólares en el banco. Tampoco carecen de inseguridades. Más bien, son las que aceptan que los altibajos forman parte de la vida, pero toman la decisión consciente de afrontar los problemas con la cara en alto y la mejor actitud posible.

A veces las mujeres olvidamos el poder transformativo de una buena actitud. La palabra actitud, proveniente del latín *actitudo*, es definida por la Real Academia Española como "la forma activa en que un individuo se adapta a su entorno y la consecuencia de un proceso cognitivo, afectivo y conductual". El punto más importante en esta definición es que involucra la palabra "activa". Esto es, una buena actitud no es necesariamente resultado de buenas circunstancias carentes de problemas, sino de una decisión interna de afrontar las situaciones de cierta forma.

Tener cierta actitud puede cambiar cómo te sientes respecto a ti misma y también cómo te ven los demás. Una excelente actitud puede hacer toda la diferencia en esta etapa de soltería. ¿A qué me refiero? Cuando tu actitud cambia, cambia tu postura física, tu tono de voz, tu forma de arreglarte, tu forma de interactuar con otros.

Ahora es tiempo de integrar todo lo aprendido para vivir la realidad con una actitud muy diferente. Es asombroso cómo pueden cambiar tus circunstancias si modificas lo que albergas en tu interior; si decides en definitiva que quieres hacer un cambio en tu vida, se manifestarán en ti nuevas maneras de actuar. No hay una actitud necesariamente mejor que otra. Lo que hagas dependerá de lo que más te conviene. Tal vez lo que necesites sea adoptar una actitud relajada, acompañada del mantra "todo se me resbala" y de varias clases de yoga y paseos en el parque. Quizá sea tomar una actitud fiestera con un mantra de "carpe diem" (aprovechar el momento) y muchas salidas al antro con cualquier amiga soltera que encuentres por ahí y zapatos de tacón nuevos. O bien, tal vez lo más conveniente para ti sea adoptar una actitud muy seria ante el trabajo y enfocarte de lleno en conseguir ese ascenso que tanto has querido en tu empresa o arrancar un proyecto propio.

Llevaba seis meses de haber terminado con mi novio de varios años, con quien estuve comprometida. Me sentía súper deprimida, vieja, sin esperanzas de tener hijos y, sobre todo, muerta por dentro. Un día tomé la decisión de hacer el viaje por España hasta llegar a Santiago de Compostela. Esperaba que me ayudara a recobrar mi autoestima.

En el camino, lloraba muy seguido, solté por completo lo último que quedaba de mi tristeza y comencé a escuchar historias de varios hombres que caminaban junto conmigo. Todos habían tenido dificultades en su vida, varias de las cuales hacían que mi falta de relación íntima con un hombre pareciera casi insignificante. Comencé a sentirme viva de nuevo, a coquetear con uno que otro español en el camino (yo soy sueca, por lo que toda la comunicación era en inglés) y de pronto sentí ganas de arreglarme, de presentarme de manera diferente, de prestar atención a la ropa que traía puesta, de aceptarme tal cual soy.

Al terminar esa larga caminata fui a Madrid. Aunque aún extrañaba a ratos a mi ex novio, la sueca de corazón roto y cabello recogido en un chongo permanente se desvaneció.

Decidí ya no sentir lástima por mí misma y divertirme mucho a como diera lugar. Desde entonces he logrado sentirme por completo diferente; sigo conociendo amigas, reconectándome con gente importante y haciendo mucho ejercicio. He salido con varios chavos, pero todo ha sido superficial y por fin me siento cómoda con eso.

—Teresa, 33 años

"Ahora es tiempo de integrar todo lo aprendido para vivir la realidad con una actitud muy diferente."

Es probable que al comenzar a leer este libro sintieras que todo andaba mal en tu vida; que te doliera en el alma pensar que no tenías una relación seria con un hombre o alguien con quien salir; que te invadiera el miedo al pensar que quizá jamás encontrarías a un hombre con quien formar una familia; que decidieras salir con chavos que no eran de tu estilo con tal de estar con alguien. Estos sentimientos y pensamientos no se van del todo. Aun si adoptas una actitud súper positiva, es posible que de pronto sufras momentos de duda, temor, enojo o desesperación. Pero, con todo y esas dudas y miedos, ¿cuán diferente te sientes ahora? ¿En qué medida ha cambiado tu perspectiva desde que comenzaste a leer este libro?

Cambiar de actitud y decidir vivir tu soltería a tope (con más tiempo para el gym, el trabajo, la fiesta, los viajes o las amigas) significa inyectarle nueva energía a una situación que ya existía. Esto, forzosamente, generará cambios en tu vida diaria, de modo que toma en cuenta que tal vez atravieses por varias etapas. Se vale vivir una etapa de fiesta, seguida por una de trabajo intenso y otra de cuidado de tu salud, para después salir de viaje y disfrutar al máximo teniendo como única prioridad darte gusto a ti misma. Es posible que cada etapa sea larga, o no. Esto es normal, lo que importa es que estás viviendo las cosas de manera diferente que antes.

Puedes estar segura de que los demás comenzarán a notar un cambio en ti. Muchas amigas o amigos te echarán porras y estarán encantados con esta nueva fase tuya, pero también habrá quien lo resienta mucho. Tal vez una amiga con la que te reunías para quejarte amargamente de la vida, al ver que ya no estás disponible para ese tipo de plática, se sentirá triste o enojada por no poder contar contigo para eso.

Si alguien te reclama en vez de felicitarte por tu nueva actitud, comprende que eso no quiere decir que debas volver a tu estado emocional anterior. Cambiar o no de actitud es una responsabilidad individual, y, quizá después de que se les pase el enojo se sentirán inspirados por lo que ven en ti y te querrán seguir el ejemplo.

10 sugerencias para mantener una actitud positiva

A continuación enlisto 10 cosas sencillas que puedes poner en práctica a diario y que te ayudarán a mantener una actitud positiva.

1. Pega una frase estimulante en un sitio de tu cuarto que veas muy seguido (puedes también llevarla en tu cartera o en tu automóvil).

2. Empieza la mañana con tu música favorita para levantarte con buen ánimo.

3. Sé amable al hablar contigo misma.

4. Recuérdate constantemente que tú eres quien controla tu actitud.

5. Si te sientes triste o desesperada, respira profundo y recuerda que vives una etapa que cambiará algún día.

6. Cuando veas a una mujer felizmente casada, en lugar de echarle malas vibras, pregúntale cómo logró estar donde está.

7. Sal solo con hombres que en verdad te gusten y que te traten muy bien.

8. Diviértete lo más posible. Es impresionante el impacto positivo que tendrá en tu salud reírte con frecuencia.

9. Acepta las circunstancias en lugar de pelearte con ellas; así podrás utilizar tu energía en algo más productivo.

10. Rodéate de personas que te llenen de energía y te inspiren a sacarle jugo a tu día a día.

El lado divertido de la soltería

Para escribir este capítulo llevé a cabo varias entrevistas con hombres y mujeres solteros, y con hombres y mujeres casados. Una y otra vez, salieron a la luz los mismos puntos de la soltería que todos disfrutaban. Aun quienes hablan maravillas de su matrimonio hacían hincapié en que es fundamental disfrutar ciertos aspectos de la soltería (como la libertad para usar tu tiempo) y afirmaron que era lo que más echaban de menos en su matrimonio. Como he planteado, el cómo percibes los hechos puede influir drásticamente en tu actitud. ¿Has escuchado la metáfora psicológica de los lentes? En los talleres de desarrollo personal se utiliza mucho el ejemplo de ponerse lentes de diferentes colores para ilustrar que dos personas pueden ver la misma pared de diferentes colores y aun así, tener la razón.

De nuevo, es tiempo de mirar esta etapa de tu vida con una perspectiva distinta de la que has empleado estos últimos meses o años. En el siguiente ejercicio presento los seis puntos que más salieron a relucir en las discusiones con hombres y mujeres acerca de esta etapa en la vida. Analiza con cuál te identificas más y en cuál no habías pensado.

Ejercicio

Puntos esenciales disfrutados en la soltería

1. *Tú mandas.* Nada de rendirle cuentas a nadie por la hora en que llegaste, por gastar en una blusa cuando ya tienes muchas, por querer ir a un retiro de yoga, por no contestar la llamada de inmediato, y más. Eres libre de hacer y deshacer a tu antojo sin tener que consultar con otra persona. La que elige qué hacer con su tiempo eres tú.

2. *Tu salud.* Por lo general cuando empiezas una relación descuidas el gimnasio o incrementa exponencialmente tu ingesta de postres a causa de los antojos de ambos. Admitámoslo, muchos suben de peso cuando se casan porque no disponen del tiempo que tenían antes para hacer ejercicio. Si hay algo que quieras mejorar de tu salud, ¡ahora es cuando! Ve al gimnasio las horas que desees, organiza un programa de desintoxicación, acude a retiros de yoga, inscríbete en una minimaratón; en fin, haz lo que siempre se te ha antojado en cuanto a tu cuerpo. Mantenerte saludable es uno de los mejores regalos que puedes darte.

3. *Viajar.* Amo viajar, creo que aporta mucho autoconocimiento, además de cultura, experiencias inolvi-

dables y amistades invaluables. Este es el momento de planificar el viaje que siempre has soñado sin que nadie te ponga peros. Los viajes con amigas son muy divertidos y dejan espléndidos recuerdos. Viajar sola también puede ser muy benéfico; te obliga a encontrarte, a conectarte con otros de manera profunda, a valerte por ti misma. Ya sea a la playa, las grandes ciudades, los pueblitos o las montañas, viajar siempre es sensacional.

4. *Conocer personas nuevas.* Por supuesto, este punto tenía que formar parte de la lista. Con esto no me refiero a que ahora vayas a la conquista determinada de ligues, sino que tienes las posibilidades de tomar todo tipo de clases o cursos en los que podrás formar una nueva red de amigos. Estando soltera cuentas con un poco más de tiempo para dedicarte justo a lo que se te dé la gana, de modo que sal y diviértete con la mente abierta. Tal vez de esto surjan amistades importantes para ti. Claro, si se da un poco de coqueteo a la par, tampoco está nada mal.

5. *Tu espacio.* Ya sea que vivas sola o con amigas, este es el momento perfecto para tener tu espacio tal como lo quieres. Puedes llenar tu cuarto de tus fotos favoritas, decorar todo de morado, poner tu música favorita a todo volumen a horas no adecuadas, echarte a ver la novela que odiaba tu ex novio sin que te reclame y adoptar mascotas de todo tipo.

6. *Tu felicidad.* La realidad es que te encuentras soltera. Punto. Entonces, ¿para qué amargarte la existencia desando otra cosa a toda costa? Ya cambiará la situación en algún momento, pero es mucho más

saludable enfocarte en disfrutar el presente que angustiarte por un futuro incierto, ¿no crees?

Usa los espacios para anotar otras cinco razones por las cuales disfrutar tu soltería. Recuerda que no hay razones buenas ni malas, lo importante es que se trate de cosas que disfrutes profundamente.

1. _____
   _____

2. _____
   _____

3. _____
   _____

4. _____
   _____

5. _____
   _____

6. _____
   _____

Cada vez que tengas un mal día, hay dos cosas que puedes hacer. Primera, volver a leer esta sección y lo que hayas escrito aquí para recordarte que no todo está mal. Segunda, justo después de leerlo, provocar algún cambio físico en ti que de inmediato te haga sentir diferente. Por ejemplo, canta una canción que te ponga de buen humor o haz un gran esfuerzo por cambiar tu postura (de encorvarte en la silla a sentarte derechita) y tu forma de respirar (profunda y lenta en lugar de acelerada). El simple hecho de cambiar a un humor más ligero, positivo y optimista con constancia tendrá un buen impacto en ti a la larga.

Si tan solo...

Cuando tenemos un mal día, casi siempre deseamos que las cosas fueran diferentes, nos decimos que si nuestras circunstancias fueran otras, claramente la tristeza o frustración desaparecerían.

Acto seguido, ponemos a alguien de ejemplo y nos comparamos con él o ella durante horas. "Si tan solo tuviera el dinero de Mariana, todo sería súper fácil y me la pasaría increíble como ella."

Esto sucede con la soltería y, curiosamente, con las relaciones también. Espero que hayas logrado modificar la forma como estás viviendo esta etapa. Espero que lo veas como algo divertido, una oportunidad para hacer cosas diferentes y dedicarte a ti un rato.

Aunque lo logres, estoy convencida de que no todos los días te sentirás como la reina del mundo; habrá algunos en que te sientas apachurrada o quisieras llegar a casa a que alguien te "apapachara". En días como estos empiezas a pensar "si tan solo...".

Cuando te sientas así, recuerda que al ser parte de una relación, no todos los días son perfectos. Algunos están colmados de amor, empalague y alegría. Otros carecen de euforia, en algunos más participas en pleitos horrendos con la otra persona y acabas jurando que en realidad el amor no existe. No hay una relación perfecta. Aun si estuvieras con una pareja, tendrías que lidiar con días malos.

Reitero, la solución no es encontrar a alguien, sino buscar atajos para recargar pilas y volver a sentir entusiasmo lo más pronto posible.

Este planteamiento puede aplicarse a cualquier cosa. El director de una empresa tiene días malos al igual que el barrendero. Un atleta de alto rendimiento tiene frustraciones lo mismo que quien nunca se mueve del sofá. Una mamá tiene días en los que se siente abrumada al igual que una mujer sin hijos. Así hay días; espero que en tu caso los días en que te sientes bien sean más que aquellos en los que no es así.

Capítulo 8

Hábitos saludables

Amarse a sí mismo es el comienzo de una aventura que dura toda la vida. —Oscar Wilde

Para realmente dejar atrás la costumbre de navegar llevada por la desesperación generada por la presión social, es necesario crear nuevos hábitos de conducta que te ayuden a vivir con felicidad y paz interna. Como ya sabrás, la manera de formar un hábito consiste en repetir una acción una y otra vez por lo menos durante 21 días. A la vez, sostener un hábito por mucho tiempo crea un estilo de vida. Esto es, los grandes cambios en estilos de vida comienzan por pequeñas acciones que realizamos a diario.

A ratos puede ser difícil dejar de actuar como lo hemos hecho en los últimos meses o tal vez años. Lo que buscamos en este capítulo no es la perfección, sino el avance. Ese logro de cambios chiquitos todos los días para que, después de un mes, seis meses o un año puedas evaluar tus avances. ¿Cómo mantenerte motivada a generar esos cambios en tu vida cuando no tengas ganas? Piensa en por qué querías cambiar en primer lugar y cómo te sentirás cuando lo logres.

Aunque parezca incómodo, difícil, lento o bien casi imposible, este es el momento ideal para cambiar de una vez por todas lo que no te gusta de ti misma. Puedes modificar cualquier cosa que te provoque inseguridad o frustración, ya sea a pasos chicos o agigantados, pero si hay algo bueno de los seres humanos es la capacidad de transformación. Así como te pido que luches por mejorar un área de tu vida con la que no estás contenta, también te pido que reconozcas profundamente todas tus virtudes, lo que haces bien, lo que te encanta de quien te devuelve la mirada en el espejo.

Muchas mujeres se preguntan ¿qué pasa si deciden no realizar cambios? Claro, eso también es una opción. Después de todo, su realidad no está tan mal. ¿Para qué esforzarse en cambiar internamente cuando está claro que el problema es la sociedad externa? En tu caso, tal vez pienses que no es tu culpa que por alguna razón los hombres no se hayan fijado en ti y sí en las mujeres que menos te imaginabas que se casarían antes que tú. Además, tu plan sigue siendo casarte; entonces, ¿para qué tanto drama de valerte por ti misma si a fin de cuentas quieres que un hombre te mantenga, te acompañe para que no te sientas sola y sea tu compañero eterno?

Y si, como ya vimos, eso del cuento de hadas no existe, entonces ¿cómo para qué esforzarte por subir tus estándares si eso de los príncipes es puro cuento para niñas chiquitas e inexistente en la realidad? Si ya estás cómoda con tu vida, tus amigas, tu trabajo, no hace mucha falta redoblar esfuerzos para convertirte en algo que no eres y que no te habías planteado hasta ahora. Por último, ¿que no a los hombres les gustan las mujeres que son estropajos? ¿Que no se sienten intimidados por una mujer que tiene éxito y belleza? Quizá lo mejor sea tener una pésima autoestima para así lograr poco y ser una mujer muy atractiva para el sexo opuesto.

Plantéatelo. Puedes elegir seguir haciendo lo mismo que te ha llevado a sentirte así. Puedes elegir seguir sintiéndote igual a como lo has hecho hasta ahora. Hay varias maneras para aquietar o disminuir el dolor o la angustia o la soledad que sientes; pero todo mundo sufre de algo ¿no? ¿Por qué buscar siempre el sol cuando es normal que haya nubes? ¿Para qué convertirte en otra si la que eres actualmente está más que pasable? Antes de que sigas leyendo es importante que comprendas por completo que, aunque quizá no esté en ti elegir cómo te sientes ante cierta situación, sí lo está la actitud que adoptas y las acciones con las que decides acompañarla. Decidas lo que decidas, toma en cuenta que el futuro se construye con las acciones del hoy.

El siguiente es un cuadro comparativo de acciones que podrán convertirse en hábitos saludables y acciones que pueden generar hábitos destructivos. Es muy probable que te encuentres en medio de las dos columnas, con algunas áreas de tu vida más resueltas que otras.

Acciones saludables	Acciones destructivas
Tomar tiempo para centrarte en ti misma.	Pasar todo el día navegando en las redes sociales en busca de solteros que vivan en tu zona.
Hacer ejercicio con el fin de sentirte bien.	Hacer ejercicio para ver si tu transformación corporal te trae más suerte en los ligues.

Tratarte amablemente.	Hablarte con groserías.
Vestirte para darte gusto a ti misma.	Sacar la minifalda que usabas en la secundaria porque solo así se volverán a mirarte los últimos solteros de la ciudad.
Gozar de tu propia compañía.	Estar segura de que algo anda mal contigo y por eso sigues soltera.
Ir a talleres de autodesarrollo.	Pasar las noches practicando expresiones de seducción frente al espejo.
Reunirte con mujeres a quienes admiras profundamente.	Ver a las mujeres guapas como la competencia y maldecirlas en voz baja.
Alimentarte de manera saludable y hacer ejercicio varias veces por semana.	Hacer ejercicio y cuidar de tu salud solo cuando vas a salir con alguien.
Leer libros que te dan herramientas para mejorar tu vida diaria.	Leer únicamente la sección de sexo de la revista *Cosmo.*
Entender que tu vida no cambiará a menos que cambies tú.	Pensar que eres víctima y no puedes cambiar tus circunstancias.
Tener fe en que las circunstancias cambiarán para bien.	Pensar que las circunstancias son –y seguirán siendo– horribles.

Los 10 hábitos saludables

Primero nosotros formamos nuestros hábitos, luego nuestros hábitos nos forman a nosotros. —Charles C. Noble

Ya vimos que los cambios duraderos requieren acciones diarias, las cuales se convierten en hábitos y, finalmente, en un modo de vida. Veamos cuáles son los 10 hábitos saludables más importantes para dejar atrás la desesperación y realizar elecciones saludables para ti misma.

1. Alimentar la relación contigo misma y con los demás

Cuando dejas de estar inmersa por completo en la obsesión de hacer que un hombre te proponga matrimonio para así poder dejar atrás la soltería, de pronto descubres que dispones de un cúmulo de energía disponible que ahora puedes enfocar en otro lado. Bueno, pues ese "otro lado" eres tú. Cuando las distracciones exteriores se aquietan, quizá descubras que no te gusta estar sola contigo misma, te percates de aspectos tuyos que no te agradan del todo o experimentes emociones incómodas como tristeza, angustia, enojo o incomodidad. Quizá, también, te sientas vacía.

Evitar sentir estas emociones es justo lo que nos motiva tanto a enfocarnos en aspectos ubicados fuera de nosotras, a buscar actividades que nos llenen de tanta adrenalina u ocupen tanto de nuestro tiempo que acaben por silenciar la gran incomodidad. Ahora que te encuentras en otro momento de tu vida y centras tu energía en tu interior, no hay más que sentir estas emociones y dejarlas pasar.

¿A qué me refiero con esto? Recuerda que las emociones son respuestas químicas de tu cuerpo que se desencadenan ante un estímulo. A menos que sigamos estimulando nuestra mente, estas emociones pasarán solas. Esto se logra con mayor facilidad de lo que parece. Primero, cuando algo te resulte incómodo, observa qué es lo que sucede, como si te miraras desde un punto fuera de tu cuerpo.

Segundo, concéntrate en respirar profundo. Inhala por la nariz llenando por completo de aire tus pulmones y tu bajo vientre. Exhala por la boca y asegúrate de que todo el aire salga de tu cuerpo. Insisto en que, para que esto funcione, enfoques tu mente en tu respiración y no en los pensamientos negativos que puedan venir a ella. Siempre vuelve a tu respiración.

Con lentitud, inhala y exhala 10 veces; después levántate y haz otra cosa. Verás cómo poco a poco la frecuencia e intensidad de estas emociones disminuye.

Con el tiempo, podrás gozar dedicarte a misma, sin temor a estar a solas, hasta el punto de disfrutarlo mucho. Ahora, además de alimentar la relación contigo misma, es hora de alimentar a tus amistades y encontrar personas que puedan servir como tu ejemplo a seguir en esta nueva etapa.

Quiero ser como tú

Cuando una mujer guapa, con un cuerpazo y una sonrisa Colgate entra a algún sitio y la mirada de todos los hombres presentes la sigue ¿qué solemos hacer quienes la observamos? Criticarla. Hay un sinfín de adjetivos nefastos que no pondré aquí, pero que en absoluto son positivos. Buscamos encontrar al menos una falla en su físico y, de no ser así, decimos cosas como "seguro está operada" o frases aun peores. Es lo mismo cuando vemos a una mujer que ocupa un puesto excelente en una empresa importante. Las reacciones de las mujeres que la rodean suelen ser algo así como "pues sí, pero tiene un genio terrible" o "claro, trabaja un chorro pero seguro es muy mala mamá porque siempre está en la oficina". Hay veces que, incluso hoy en día, el primer pensamiento que pasa por la cabeza de las demás en la oficina es "¿y con quién se habrá acostado para que le dieran ese puesto?"

Qué lamentable es esta actitud. Ninguna mujer se opondría a tener un cuerpazo, un puesto increíble y una personalidad que hiciera que todos escucharan cada palabra que pronuncia como si estuvieran en trance. Sin embargo, si vemos a una congénere con estas cualidades, la primera reacción visceral es echarle mucha tierra.

Lo mismo ocurre cuando vemos a una pareja que da la impresión de tenerlo todo: ambos son sumamente atractivos, no parecen tener problemas de dinero, se aman profundamente y tienen hijos maravillosos que parecen haberse sacado la lotería genética. Solemos decir "es que a ella le tengo envidia de la buena". Aclaremos algo: la *envidia de la buena no existe.* Es envidia, así de simple. Si anhelas tener los atributos de otra persona y hay una partecita tuya que le desea un poco de mal o quiere desesperadamente encontrarle alguna falla, entonces le tienes envidia o celos.

¿De qué sirve echarle tierra a algo en lo que quisieras convertirte? ¿Por qué descalificar a alguien que ha logrado todo lo que quisieras lograr tú? ¿Por qué las mujeres solemos ser las peores críticas unas de otras? Volvemos a lo analizado en un inicio. Antes, era necesario casarse para alcanzar la estabilidad económica, las mujeres se veían forzadas a competir por el soltero más codiciado y esto creaba interacciones muy poco saludables.

Hoy los roles sociales han cambiado y es necesario modificar también nuestro diálogo relacionado con otras mujeres. De ahora en adelante, cuando veas a una mujer que tiene todo lo que tú deseas o es el ejemplo perfecto de lo que quisieras llegar a ser algún día, anímala y felicítala. Aplaude todo lo que quieres tener, admira a quien ha hecho de su vida algo maravilloso y elogia a quien tenga la relación que quisieras para ti. Si tu mejor amiga posee un diamante increíble y su futuro marido es caballeroso y muy guapo, proponte sentir gusto por ella, dejando a un lado el rencor y los celos.

¿Por qué es tan importante que incorpores este nuevo hábito? Supongamos que tu máxima ilusión es casarte con un hombre apuesto con mucho dinero y vivir en una linda casa en una zona privilegiada de la ciudad. Sin embargo, cuando una de tus amigas logra justo eso, lo que piensas es "tendrá que cuidar mucho a ese marido para que otras chavas no se le avienten con lo guapo que es. La verdad, qué pereza vivir así". Así empiezas a creer que si tú logras casarte con un hombre guapo y adinerado tendrás una relación de pereza porque no podrás dejar de vigilarlo. Ahora tu psique está atrapada entre el dilema que te creaste: ¿ir tras la relación que querías en un principio o evitarla porque te parece difícil?

En lugar de criticar a las mujeres que parecen tenerlo todo, habla con ellas. Pregúntales cuáles son sus secretos, aprende lo más posible sobre cómo puedes lograr lo que ellas han logrado. ¿Cómo pueden llevar una relación sana con su marido? ¿Cómo equilibran su vida entre matrimonio, trabajo y tiempo para ellas? ¿Qué consejos pueden darte? Cuanto más gusto genuino sientas por ellas y más intentes aprender, más le mandarás el mensaje a tu yo interno de que está perfectamente bien lograr todo eso.

Ejercicio

Haz una lista de cinco mujeres a tu alrededor a quienes admires mucho y con quienes puedas practicar este ejercicio. En los espacios escribe su nombre, por qué la admiras y qué quisieras preguntarle.

1. _____

_____

2. _____

_____

3. _____

_____

4. _____

_____

_____

5. _____

_____

_____

Pedirle consejos a alguien que ya ha logrado lo que tú quisieras es una manera de asegurarte de que tu mentora sabe de lo que habla. O ¿acaso le pedirías consejos sobre manejo de finanzas a alguien que no tiene ni para pagar la renta? ¿Contratarías como tu entrenador personal en un gimnasio a alguien con un evidente problema de sobrepeso? No, ¿verdad? Busca a una persona que realmente posea las cualidades que buscas.

2. Respetarte

Además de reflexionar acerca de la relación que llevas contigo y con los demás, hay un hábito clave que necesitas desarrollar si quieres cultivar tu amor propio: cumplir las promesas que te haces. Por ejemplo, si te prometes que realizarás 30 minutos de ejercicio cada tercer día, hazlo. Si te prometes que le hablarás bonito a la mujer que ves en el espejo, hazlo. Si te prometes que ahorrarás 10 pesos por día, compra una alcancía y deposita en ella una moneda de esa denominación todos los días. Y si te prometes hacer una cita con una terapeuta porque te sientes muy mal, toma el teléfono y márcale.

¿Por qué considero que este hábito es fundamental? Imagina que contratas a una asistente y ella te promete que se encargará de todos los pendientes ese mismo día antes de las cinco de la tarde. A las cuatro y media te das cuenta de que, en lugar de trabajar, se escapó para ir a tomar café con las amigas. La regañas y ella promete cambiar. Durante toda la semana hace lo mismo. Al llegar el viernes te das cuenta de que los pendientes del lunes permanecen sin resolver. ¿Seguiría siendo de tu confianza después de esta conducta? Seguro que no. Ahora imagina por un segundo que las situación es la inversa. Te contratan para un puesto importante. ¿Cómo sería tu comportamiento en la oficina? ¿Te esforzarías por crear una buena impresión en el jefe? ¿Serías capaz de dejar hasta el viernes por la tarde lo que prometiste hacer el lunes? Puedo asegurarte que no.

En su libro *Los 7 hábitos de los adolescentes altamente efectivos*, Sean Covey destaca también la importancia de cumplir las promesas que te haces. Para él, es como llenar una alcancía con monedas; cada promesa cumplida es una moneda y cada promesa sin cumplir equivale a retirar una moneda. Esta pequeña metáfora es muy clara: si quieres llenar la alcancía y hacerte rica (podemos cambiar alcancía y monedas por cuenta bancaria y billetes), no hay más que hacer depósitos a diario. Tomarte en serio y cumplir con lo que dices que harás te dará credibilidad ante ti misma, te enseñará a valorarte y a valorar tu palabra. Pero, sobre todo, hará que no te quedes con las ganas de cumplir con tus sueños.

Quedar bien contigo misma mejorará mucho la calidad de tu relación interior, te colmará de orgullo y reforzará tu sensación de ser tu propia prioridad. Amarte profundamente significa tener suficiente fuerza de voluntad para tomar decisiones que sabes que te beneficiarán. Significa convertirte en tu mejor aliada.

Practicar la autoescucha también te ayudará mucho a ver qué es lo que quieres para las diferentes áreas de tu vida que están bajo tu control: tu imagen, tu salud, tus hábitos alimenticios y tus hábitos de ejercicio.

A ponerlo en práctica

A todas nos gustan actividades diferentes, lo cual es natural y válido. Al respecto, te invito a hacer el siguiente ejercicio.

Ejercicio

De la lista presentada a continuación, escoge dos actividades y fíjate como meta realizarlas dentro de los próximos 15 días.

- Hacerte manicure
- Hacerte pedicure
- Solicitar un masaje en un spa o a domicilio
- Hacerte un facial en un spa
- Salir de compras con tu mejor amiga
- Realizar una sesión de fotografías
- Comprarte lencería de la mejor marca
- Participar en un retiro espiritual de fin de semana
- Participar en un taller de yoga de fin de semana
- Realizarte un tratamiento de cabello
- Apagar el celular y tumbarte en el sofá a ver tus películas favoritas
- Participar en un ritual de temazcal

¿Ya elegiste dos actividades? Ahora agéndalas de inmediato para estar segura de que cumplirás con los compromisos. Pedirle a una amiga que te acompañe puede hacerlo aún más divertido. Procura que las dos actividades que escojas sean actividades que realizas muy poco; el objetivo es que realmente te consientas mucho.

3. Cultivar la autoestima

El concepto de amor propio puede parecer un viejo y trillado cliché, pero, de hecho, es uno de los cimientos fundamentales de la felicidad. Es asombrosa la cantidad de mujeres que piensan que no se conocen a sí mismas, o que llevan una relación muy mala con la persona que ven en el espejo.

La relación que llevas contigo es precisamente eso: una relación. Como cualquier interacción con otras personas, consta de altas y bajas, regaños y felicitaciones, aplausos y recriminaciones. Sin embargo, a diferencia de las relaciones con personas externas, esta es una que jamás desaparecerá. Es la relación más larga que sostendrás en tu vida, ya que te acompañará hasta que exhales el último suspiro. ¿Cómo es posible que le dediquemos tan poca energía a una relación vitalicia?

Por naturaleza, las mujeres solemos nutrir a todos los demás antes que a nosotras mismas. Sin embargo, toma conciencia de que para que tus relaciones interpersonales sean plenas, es imprescindible sostener una muy buena relación contigo misma, saberte capaz de satisfacer tus necesidades y volverte tu mejor amiga.

Hay varias maneras de saber qué tal va tu relación contigo misma. Una de las primeras es tomar nota de cómo te hablas a ti misma. Si ves una mala fotografía tuya, ¿te dedicas a criticarte a morir o culpas al mal ángulo? ¿Qué palabra utilizas contigo misma con mayor frecuencia? ¿Sueles decirte groserías? Cuando te miras al espejo, ¿te aplaudes o analizas cada centímetro de tu piel para ver qué es lo que está mal? ¿Te pellizcas la lonja que tienes en la cintura y te recriminas por los tacos de anoche? ¿Crees que en verdad mereces ser amada profundamente? ¿Disfrutas estar sola contigo misma?

Ahora, pregúntate: si un hombre con quien sales te pellizca la lonja, te dice "¡qué gorda!" y luego, durante media hora, critica tu maquillaje, tu falta de comprensión de las finanzas, la forma en que cocinas y lo mal que se te ve esa blusa porque de plano te falta busto y te sobran centímetros de cintura, ¿seguirías saliendo con él? ¡Por supuesto que no! Entonces, ¿por qué somos capaces de soportar de nosotras mismas lo que no soportaríamos de otra persona?

"Es imprescindible sostener una muy buena relación contigo misma."

El amor propio es resultado de una relación sana cultivada a lo largo del tiempo, no de lograr por fin tener el cuerpo perfecto o el ingreso más alto de tu empresa. Tomemos como ejemplo a Jennifer López, cantante, actriz, diseñadora, productora, bailarina y celebridad. En su libro *Amor verdadero* habla de cómo sufría de baja autoestima a pesar de aparentar tenerlo todo. Aunque había sido nombrada una de las mujeres más bellas por la revista *People* y era multimillonaria, no creía que de verdad diera el ancho como artista. Fue a raíz de su divorcio de Marc Anthony que comenzó a poner el amor propio como una prioridad en su vida. El auténtico amor propio no depende de factores externos, de medidas o de números. El verdadero amor es incondicional.

¿Cómo puedes lograr mejorar la relación que llevas contigo misma? Imagina que surge en tu vida el hombre más maravilloso del planeta. Amas cómo te trata, a dónde te lleva a pasear, lo buen escucha que es, los excelentes restaurantes a donde van a comer y lo bien que se lleva con todas tus amigas. En fin, este hombre te hace sentir como la mujer más importante y bella que existe, te consiente mucho y es sumamente divertido salir con él. Ahora, conviértete tú en esta persona tan maravillosa que has imaginado. Vuélvete tu propio príncipe azul que te escucha con atención, te respeta, te saca a pasear, te hace sentir profundamente amada. En otras palabras, sé tu propia cita.

Ejercicio

Antes de convertirte en este ser espléndido, toma unos minutos para ver cómo eres ahora contestando las siguientes preguntas.

1. ¿Escuchas con respeto tus propias necesidades?

2. ¿El vocabulario con el que te comunicas contigo misma es amable?

3. ¿Cuidas cómo te nutres?

4. ¿Te das tiempo para realizar actividades que te agradan y encuentras satisfactorias?

5. ¿Sientes que realmente te conoces?

6. ¿Te angustia la opinión que tienen de ti los demás?

Este es el preciso instante de dejar atrás las malas palabras que te dices a ti misma, y comenzar a tratarte de forma totalmente diferente. Prométete que te escucharás, que pedirás apoyo cuando no te sientas bien, que celebrarás tus victorias y disfrutarás al conocerte más a fondo. Es el momento de amarte profundamente aunque te percates de que te salió una cana, una nueva arruga, o que, en definitiva, por más que lo intentes, nunca llegarás a ser perfecta. De verte con amabilidad y cariño, apreciar el brillo en tus ojos aunque no sean del color que siempre has deseado y saber que tu mejor esfuerzo siempre será suficiente. De dejar que solo penetren en tu interior palabras que te alienten, motiven y apapachen. De hacer una reflexión sobre cómo permites que la gente te trate. ¿Te das a respetar? ¿Sabes marcar límites? ¿Eliges rodearte de personas positivas? ¿La mayoría de tus relaciones interpersonales son sanas? ¿Qué haces cuando alguien te hiere con un comentario? ¿Cómo respondes ante las críticas?

4. Darte regalos a ti misma

Este es un hábito maravilloso. A veces nuestra autoestima sufre y llegamos a sentir que no merecemos amor o una buena relación, que no merecemos que nos consientan. Como la única persona sobre quien tenemos control es nosotras mismas, a nosotras corresponde apapacharnos como quisiéramos que lo hiciera alguien más.

Ahora, distingue entre consentirte a menudo con detalles como una blusa nueva, flores, un perfume, una buena comida, etcétera, y salir de compras a gastar toda tu quincena de un jalón. No promuevo que tapes cualquier sentimiento negativo con un frenesí de compras al grado de quedar casi en bancarrota, pero sí es una excelente idea regalarte pequeños detalles con frecuencia. Hay una última regla de este juego: los detalles deberán coincidir con lo que quieres lograr en esta etapa de tu vida. Por ejemplo, si le estás echando muchas ganas al gimnasio, no te consientas con chocolates.

5. Cultivar una buena imagen física

Estando en un bar una amiga mía y yo, ella me comentó que le encantaba un chavo sentado a unas cuantas mesas de nosotras. Después de unos 30 minutos por fin el dichoso hombre se acercó a mi amiga y le dijo que quería salir con ella la semana siguiente. Al otro día ella salió disparada a hacerse luces en la estética, a tomar una clase de spinning en el gimnasio y a comprarse una blusita nueva para su cita. ¿Te ha pasado que vives sin ganas de ponerte otra cosa que lo más cómodo que tengas junto con un par de chanclas, pero en el momento en que alguien te presta atención te motivas muchísimo y quieres sacar lo mejor de ti?

Hay una gran diferencia entre arreglarte para intentar complacer a otra persona y hacerlo para darte gusto a ti misma. Cuando te arreglas de acuerdo con lo que piensas que quieren ver los hombres, de nuevo actúas desde la inseguridad y no la autenticidad. Cada vez que pones la validación de tu persona en manos de otro, habrá una parte de ti que no se sentirá del todo segura. "¿Estaré suficientemente delgada para gustarle?" "Todas mis amigas tienen el cabello increíble y yo no; seguro no se van a fijar en mí." "Todas las chavitas aquí tienen minifalda y yo pantalón porque me choca enseñar pierna, seguro por eso las está viendo a ellas y a mí no." Siempre sentirás que lo que has hecho no es suficiente, o que el día en que dejes de arreglarte de esa forma el hombre que está contigo dejará de fijarse en ti.

Por desgracia, esta lección la aprendí por experiencia propia. Esperaba a que fuera a recogerme un chavo a casa de unas amigas. Era una de las primeras veces que salía con él y mis amigas, que son muy femeninas, pusieron el grito en el cielo al saber que para mí, el atuendo adecuado para una cita era un par de jeans y una blusa con flores. Me prestaron una falda con corte A, tacones de aguja, *lipstick* rojo y aretitos de perla. Acto seguido me dijeron que me planchara el pelo. Yo me sentía ridícula. Sin embargo, Natán parecía estar encantado, me dio muchos cumplidos y la pasamos increíble. La próxima vez que fue por mí, tuve que saquear el clóset de mis amigas de nuevo. Así pasaron varias citas y cuanto más pasaba el tiempo más me encariñaba con Natán. Un día, no tuve tiempo de ir a casa de mis amigas y terminé poniéndome unos jeans un tanto deslavados, sandalias de tacón y una camisa con la foto de una banda de rock. La mirada de Natán combinaba un poco de shock con desaprobación. "¿Y eso que traes puesto?", preguntó. En ese momento me di cuenta de que había cometido un error al proyectarme como algo que en realidad no era. Desde ahí él mostró cada vez menos interés y vi cuán diferentes éramos. A partir de ese momento he evitado vestir con prendas que nada tienen que ver con mi estilo para intentar complacer a un hombre.

Si estás soltera o en proceso de empezar una relación, es indispensable que la validación venga de ti misma, no del otro. Por supuesto, es de lo más lindo que alguien te eche flores y cumplidos, pero es aún mejor saber que te ves y te sientes bien por ti misma. Habrá días en que te sientas como una súper modelo con un maquillaje mínimo y otros en los que te sientas poco agraciada por mucho que te arregles. Es normal.

En la cultura del autodesarrollo, se habla mucho de "fingir hasta que lo logres". ¿Qué quiero decir con esto? Acicalarte aunque no tengas ganas, aunque te hayas levantado con la autoestima por los suelos y te sientas el patito feo. Los tacones suelen hacer maravillas para el ánimo y un buen brillo en los labios puede cambiar tu *look* en cuestión de segundos. En este caso, intentamos generar un cambio de afuera hacia adentro, que poco a poco la manera como te proyectas te haga sentirte bien, sentirte mujer, sentirte tú misma. Ojo, es importante recordar que aquí hablamos de estados de ánimo, no de tu valor como mujer. Tú vales exactamente lo mismo así traigas ropa de marca o estés vestida en tu pijama más vieja. Lo que queremos lograr es un cambio en tu estado de ánimo hasta que te sientas segura de ti misma y te creas la última Coca-Cola del desierto (sin llegar a pasarte de la raya y caer en la arrogancia, claro). Es chistoso cómo, cuanto más te vistas para darte gusto a ti misma, más comenzarán a llover los cumplidos ajenos.

Ejercicio flash

Toma 10 minutos para revisar lo que hay en tu clóset. Haz dos pilas distintas de ropa. En la primera, pon toda la que nunca usas, ya sea porque no te va o porque no es tu estilo. En la segunda pila, coloca toda la ropa que hace que te sientas atractiva al ponértela.

Ahora, toma la ropa de la primera pila y decide a quién regalarla o donarla. Es importante que hagas espacio para cosas nuevas y deshacerte de ropa que nunca te pones es una excelente forma de comenzar.

Cuando hayas puesto la ropa que no usas más en una bolsa, coloca la que te encanta en una parte estratégica de tu clóset. Un lugar donde te sea muy visible y recuerdes usarla a menudo.

Recuerda que todo lo que hemos dicho acerca de la ropa, también aplica para el maquillaje. Haz un espacio y aprende a utilizar trucos de maquillaje para sacar lo mejor de ti. Mantén en mente que verte bien es distinto de verte muy maquillada. Lo fundamental es serle fiel a tu estilo; por ejemplo, no abandones el delineador si es tu herramienta más preciada. Por otro lado, si lo tuyo es la belleza natural, no tienes por qué aplicarte base y rubor para salir de casa.

Si has intentado cambiar tu estado de ánimo varias veces y no lo has logrado, haz mancuerna con una persona (prima, amiga, hermana, mamá, tía, colega) que sepas que tiene muy buena opinión de ti y pídele que te levante el ánimo. Es sorprendente el impacto que puede tener la opinión positiva de alguien que cree en ti. Sal a menudo con esta persona hasta que poco a poco logres ver lo que ella ve en ti y lo integres a tu sentir diario. Un último recurso es colocarte en una situación en la que no te quede más remedio que poner tu mejor cara, tengas ánimos o no. ¿Cómo puedes conseguirlo? Es sencillo. ¡Organiza una sesión de fotografías! No importa si lo haces con un profesional o si le pides a una amiga –¡o amigo!– que te haga una sesión. Cuando estés frente a la cámara te verás obligada a jugar con tu imagen y divertirte.

¿Recuerdas lo que hablamos sobre nutrirte constantemente? Apapacharte es fundamental en la construcción saludable de una relación contigo misma. Al realizar actividades que disfrutes y no tengan mayor propósito que hacerte sentir bien, te envías el mensaje de que eres tu propia prioridad, que mereces consentirte y pasártela bien. Esto también nos ayuda a dejar de pensar obsesivamente en los hombres y cambiar el foco de interés a nosotras mismas.

6. Poner en forma tu ser interior

En otras palabras, esto significa deshacernos de una vez por todas de los hábitos destructivos que podamos haber creado como resultado de experiencias que nos impactaron de forma negativa.

Hay diferentes maneras de lograr esto, que dependen de tu estilo y tu preferencia. Lo importante es entender que estos patrones no cambiarán por sí solos. Tendrás que trabajar duro en ello.

En cada ciudad, hay institutos de psicología que ofrecen talleres de crecimiento personal. Asistir a un taller es una manera agradable de trabajar ciertos aspectos de tu personalidad sin comprometerte con un proceso demasiado largo. Por lo general quienes asisten a este tipo de talleres suelen ser excelentes escuchas y tal vez logres entablar una buena amistad con ellos.

Quizás el instituto ofrezca también terapia de grupo o individual. En nuestra cultura, lamentablemente, la palabra "terapia" genera aún un poco de miedo o de pena, como si fuera un servicio reservado para personas con enfermedades mentales severas. Es una pena que un proceso tan valioso mantenga una connotación así de negativa.

La terapia es uno de los mejores vehículos para pasar de donde estás a dónde quieres llegar. Como ya mencioné, hay varios tipos de terapia y sugiero que pruebes con al menos tres o cuatro terapeutas antes de elegir a alguien con quien trabajar. Cuando llegues con la terapeuta acertada, sentirás que se entienden a la perfección y que estás en buenas manos. Al salir de la primera sesión, seguramente te sentirás un tanto más ligera.

> *"La terapia es uno de los mejores vehículos para pasar de donde estás a donde quieres llegar."*

Si te interesan todas estas actividades, puedes comenzar por un taller de desarrollo y luego pedir informes sobre terapia en el instituto que haya impartido el curso. Si no la ofrecen, al menos podrán darte una buena referencia. Al fin y al cabo, ir a terapia es como ir al gimnasio: no tienes ganas de ir, te da pereza y tu mente inventa mil pretextos con tal de evitarlo. Sin embargo, cuando sales del gimnasio te sientes muchísimo mejor y te agradeces haber ido. Date la oportunidad de probarlo.

7. Poner en forma tu cuerpo

¿Qué reacción causa en ti la palabra *ejercicio*? ¿Sientes náuseas? ¿Lo asocias con un mal necesario? ¿Te emociona? Aunque representa diferentes cosas para cada mujer, el ejercicio tiene beneficios universales que nos ayudan a todas por igual.

Al hacer ejercicio aeróbico tu cuerpo libera endorfinas, un neurotransmisor que te hace sentir contenta y energizada. Además, están los elementos que todas conocemos del ejercicio: quema grasa, ayuda a mantener un metabolismo rápido, promueve bienestar y –si eliges bien– puede ser muy divertido.

Es muy posible que en tu círculo de amigas haya todo tipo de mujeres en lo que a ejercicio se refiere: la que está obsesionada con el gimnasio y la nueva dieta de Hollywood, la que va al gym para socializar y echarse un taco de ojo, la que no mueve un dedo, la que ama la zumba, la que vive haciendo deporte extremo y la que jura que se va a poner a dieta la próxima semana. ¿Cuál eres tú?

En mi caso, el ejercicio es mi aliado fiel. Estar en movimiento hace que me desconecte por completo y me enfoque exclusivamente en lo que estoy realizando; y, sobre todo, me hace sentir viva. El deporte ha sido parte fundamental de mi vida desde la primaria, y hoy por hoy no soy capaz de imaginar una vida sedentaria por completo. Admito que también me ayuda ser muy determinada y amante de los retos. Adoro cualquier tipo de ejercicio al aire libre, pero nunca me negaría a hacer una clase de spinning, box, baile o yoga.

La importancia de hacer ejercicio radica no solo en los beneficios que ofrece para la salud, sino en que influye en tu autoimagen, la cual desempeñará un rol crucial en tu interacción con los hombres. Para muchas mujeres, la autoestima es el resultado de la ecuación entre cómo quisiéramos vernos y cómo nos vemos en la realidad. Es común que una mujer se mire al espejo y critique su imagen de pies a cabeza. "¿Ya viste lo gorda que estás? A ver si sigues comiendo Sabritas a diario ¿eh?" "Mejor ni voy a la playa con estas pompas caídas. Qué oso." "Si tan solo tuviera las piernas más flacas, voy a ir a masajes reductivos porque en el gimnasio no doy una." Y así sucesivamente.

El primer paso hacia una vida más plena y saludable es analizar por qué estás haciendo ejercicio. ¿Tu intención es sentirte bien? ¿Tu objetivo es transformarte a la fuerza en alguien por completo diferente? ¿Tienes como meta aprender algo nuevo? Hacer ejercicio por las razones adecuadas es como hacer de un círculo vicioso un círculo virtuoso. Las endorfinas te hacen sentirte bien y feliz, te impulsan a comer algo saludable en lugar de comida chatarra, te dan la sensación de que te estás cuidando y mejorando tu salud. Y como este sentimiento es bastante placentero, naturalmente te darán ganas de volverlo a hacer.

La palabra clave en el ejercicio es *avance*. No importa si se trata de pasos enormes o cortitos, si ayer pudiste hacer únicamente 10 sentadillas y hoy 12, lo cierto es que sentirás que vas mejorando y querrás volver a intentarlo mañana. El avance en tus metas físicas te hará sentirte orgullosa de ti misma y será mucho más difícil que dejes entrar comentarios hirientes que vengan de ti misma o de un hombre. Tuve la suerte de presenciar el ejemplo perfecto de esto recientemente.

Estaba en un restaurante con una amiga llamada María y su novio. María es modelo y su novio es corredor de bienes raíces. De pronto él comenzó a inspeccionarla de pies a cabeza. "Deberías arreglarte ya ese cabello… detesto que traigas las uñas negras. ¿Por qué te pusiste esa blusa si sabes que no me gusta que estés tan escotada? No vayas a pedir postre ¿eh gordita?" Todos los presentes intercambiamos miradas incómodas. Carlos prosiguió como si nada, "ya te he dicho que te cuides más. Como te ven a ti me ven a mí, o sea que siempre bien arregladita, por favor". La mirada de María se volvió fría y seria en un instante. Con tono calmado y serio a la vez, le respondió "mira Carlos, creo que deberías sentirte orgulloso de estar conmigo. En vez de criticarme, dedícate a ir tú al spa y al gimnasio. Yo ayer hice una hora de kickboxing, ¿cuándo fue la última vez que fuiste al gimnasio, eh?" Carlos se quedó callado. Después de unos minutos alguien hizo un comentario sobre la comida y todos volvimos a respirar profundo. Ni una sola parte de María creyó las críticas de su novio, fue tan sorprendente su seguridad al manejarlo que a él no le quedó más que cambiar de tema.

Ejercicio

Contesta estas preguntas para evaluar qué tal andas respecto al ejercicio físico.

1. ¿Cuántas horas de ejercicio haces a la semana?

2. ¿Cuál es tu objetivo al hacer ejercicio?

3. ¿Cómo es tu relación con tu cuerpo? ¿Por qué?

4. ¿Qué te gustaría mejorar de tu rutina de ejercicio? ¿Cómo puedes lograr ese cambio?

5. ¿Alguna vez te han hecho un comentario despectivo sobre tu cuerpo que se te haya quedado grabado? ¿Cuál fue y qué impacto tiene en tu imagen de ti misma?

6. Si cambias la frecuencia con la cual haces ejercicio ¿qué beneficios crees que podrías tener?

¿Qué tienes que evitar?

Por favor evita, a toda costa, compararte con las modelos de las revistas. Claro, todos los hombres hablan de lo guapa que sale tal o cual mujer en cierta revista, pero nadie toma en cuenta la magia del Photoshop. No es broma, Photoshop hace maravillas. Pude comprobarlo en mi trabajo como editora de dos revistas de moda. Después de realizar la sesión de fotografías, los diseñadores gráficos se acercaban a mí con las preseleccionadas y me preguntaban "¿qué tan delgada la quieres? ¿Qué tan voluptuosa la quieres? ¿Qué color de cabello y de labial le pongo? ¿Quieres que se vea más voluminoso el cabello? ¿No crees que las piernas se le ven demasiado gordas?" ¡Al principio creía que era broma! Les dije que no cambiaran nada pero en ese momento apareció el director artístico y pidió mechones extra de cabello, menos centímetros de cintura, piel más pareja y busto más grande. Los resultados fueron impresionantes.

Hace poco, al hojear una revista en el supermercado, vi una sección con "los mejores 10 cuerpos del año", y me percaté de que por lo menos cuatro de esos cuerpos fabulosos eran una evidente creación del diseñador gráfico de la publicación.

Algo más que aprendí es que en la industria de la moda, los hombres que no perdonan un solo gramo de grasa, suelen tener sobrepeso o pésimos hábitos de la salud. "Dios mío, mírala, qué gorda se ha puesto", se quejaba el director mientras devoraba una dona de chocolate y nueces. Cuando comparé las primeras fotos que sacamos con las que finalmente se publicaron, casi me caigo de la silla. Aun a las mujeres más guapas las ayudan con Photoshop, no caigas en la trampa de pensar que así se ven en la vida real.

¿Qué es lo que sí hay que hacer?

- Medir tu éxito en cuestión de avance.

- Ejercitarte para ti misma.

- Ejercitarte para liberar estrés.

- Ejercitarte para sentirte cada vez mejor.

- Ejercitarte para sentirte saludable.

- Ejercitarte porque amas a tu cuerpo y quieres lo mejor para él.

- Ejercitarte porque ya es parte de tu estilo de vida.

8. Poner en forma tu mente

Tal vez pienses que todos estos hábitos no son más que cursilerías y no cambiarán nada en tu vida que valga la pena. Te equivocas. Las líderes de grandes industrias comentan repetidamente que el autodesarrollo ha sido fundamental para su carrera profesional. El hecho de que estés leyendo este libro habla de que buscas un cambio en tu vida y estás dispuesta a hacer las cosas de forma diferente para lograrlo. Grandes emprendedoras, como Oprah Winfrey, mujer billonaria y estrella de la televisión estadounidense, ha hablado en numerosas ocasiones sobre la importancia de convertirte en tu mejor amiga, de seguir tus sueños, aprender a llevar relaciones sanas con las personas a tu alrededor y crecer continuamente. No es la única. Madonna habla maravillas sobre la Kabbalah, y Shakira ha difundido abiertamente que ha asistido a terapia para lidiar con un pasado doloroso y mejorar su autoestima.

Como mujeres, todas, sin importar a qué clase social pertenezcamos, cuál sea nuestra carrera u oficio, o nuestro origen étnico, pasamos por momentos difíciles durante nuestras vidas. Es imposible que quedes exenta de dificultades. Leer libros, blogs o páginas web orientados a darte herramientas para sobrellevar situaciones difíciles de manera asertiva representa una excelente inversión de tu tiempo.

¿Recuerdas la película de Bridget Jones? Al principio, la protagonista llena sus estantes con libros sobre qué es lo que quieren los hombres, cómo conquistarlos, cómo mantener una relación y cómo satisfacerlos en la cama. Después de un tiempo, camina hacia el bote de basura y con urgencia tira sus cigarros, botellas de vodka y libros sobre los hombres. En la siguiente escena la vemos llenando su estante con libros sobre el tema de conseguir lo que quieres y ser feliz.

La soltería es el momento perfecto para hacer justo esto: leer libros que brindan herramientas para empoderarte como mujer. Tomar tiempo para leer buenos libros es una de las mejores inversiones que puedes hacer. Fíjate como meta leer al menos un buen libro al mes; además de darte nuevas ideas sobre cómo convertirte en la mejor versión de ti misma, destinar un tiempo de tu día para la lectura te regala un espacio que es solo tuyo y está libre de distracciones. Si te gusta un autor en particular, no te limites a leer solo un libro suyo: busca su blog, página web o cursos en línea donde podrás conocer mejor sus planteamientos.

Te invito a hacer mucho más que leer, que ya en sí te aportará valiosas enseñanzas. Como hemos visto, al estar soltera tienes más tiempo para disfrutar las actividades que te gustan y que se ofrecen en tu ciudad. Si quieres que te acompañen amigas casadas o con hijos, quizá tengas que programarlo con mucha anticipación, pero no permitas que eso te desanime. Te invito a que veas obras de teatro: musicales, comedias, dramas o esas producciones pequeñas de las cuales solo se entera el 0.1% de la población. Ya que estamos en el tema de producciones, te invito a que asistas a cuanto concierto puedas. En general, los conciertos en México son muy divertidos y tenemos la gran fortuna de que grupos musicales de todo el mundo nos visiten. Si tienes ganas de probar algo nuevo, este es *el* momento de hacerlo. Puedes ir a un concierto de jazz, a escuchar a la sinfónica, darle una oportunidad a un grupo de rock si lo tuyo es pop o escuchar música en vivo en pequeños bares.

En la etapa de la soltería, los domingos pueden ser odiosos. A ratos sientes que eres la única que no tiene con quién salir y el aburrimiento te abruma; entonces, lo único que te queda es prender la tele y echarte un maratón de alguna novela o serie cursi. Si vives en la ciudad de México, puedes ir a andar en bici por Reforma durante ciertas horas del domingo, es agradable y usualmente se ofrecen muchas actividades a lo largo de la avenida. Después de esto, podrías ir a alguna feria gourmet que suelen hacer en la colonia Roma o en La Condesa los domingos. Si vives en la provincia, en algunas ciudades también se está implantando la moda de las bicicletas o puedes aprovechar para salir a un parque u otra área verde para disfrutar la naturaleza, o bien, ir a algún espectáculo o evento cultural que se ofrezca en tu ciudad ese día.

Ya que estamos enfocados a crear un cambio duradero, considera la opción de inscribirte en algún curso o certificación meramente para darte gusto. Ahí conocerás personas con los que compartas intereses; además, una actividad como esta le dará estructura a tu semana y te obligará a establecer metas a corto y largo plazos que tengan que ver con tu desarrollo y no con un hombre.

9. Poner en forma tu espíritu

Un día conversaba con un maestro budista. Me quejaba en-
fáticamente de que, por azares del destino, había tenido que
cambiar de departamento muchas veces en los últimos seis
meses, lo cual me dejó exhausta en los aspectos físico y mental.
Sin pensar en si me escuchaba o no, proseguí quejándome,
ahora pasando al tema de la Universidad y de lo mucho que me
enojaba haber perdido un semestre por causa de fuerza mayor.
Después de un buen rato, el monje con su ropaje café, ojos
azules y cabeza rapada puso una mano en mi hombro como
para provocar que hiciera una pausa. Sin apartar la mirada de
la mía, me dijo con tono de voz pragmático: "mira, Cas, la vida
es un péndulo, al ratito se mecerá del otro lado". Fue uno de
los comentarios más sencillos pero más importantes que me
han hecho. Tenía toda la razón; la vida se mueve en ciclos, las
etapas no son absolutas y las circunstancias cambian. La etapa
que vives actualmente no es para siempre. No durará el resto
de tu vida. La tristeza, desesperación o angustia se irá en algún
momento y una nueva emoción aparecerá en su lugar. Aun las
etapas positivas y colmadas de felicidad son reemplazadas por
tiempos turbios, y así sucesivamente.

En el transcurso del próximo año, cambiará tu cuerpo, tu
nivel de salud, tus finanzas, tu forma de percibir las relaciones,
tu situación sentimental, tu círculo de amistades y tu nivel de
autoconocimiento. No todo estará bajo tu control, pero sí podrás decidir cómo cambiar ciertas áreas de tu vida. Piensa en
la persona que eras hace un año, o hace seis meses. ¿Qué es lo
que ha cambiado en ti? ¿Qué es lo que ha cambiado en tu vida?

Al entender que la vida se mueve de forma cíclica y que
las etapas por las que pasamos –aun las prolongadas– no son

permanentes sino cambiantes, te resultará más fácil tomar los problemas con un poco más de humor y menos seriedad. Serás capaz de ver lo que está por venir con una postura optimista y tendrás mayor fe en que la vida funcionará a tu favor si tan solo sigues trabajando por un buen futuro y dejas que el tiempo haga lo suyo. En otras palabras, te será muy fácil fluir.

La fe y el optimismo van de la mano. En la década de 1990, surgió con fuerza una nueva corriente en el campo de la psicología: la psicología positiva, protagonizada, en gran parte, por el estadounidense Martin E.P. Seligman. Esta corriente pone énfasis en el estudio de cómo puede una persona vivir una vida plena, sana y satisfactoria.

Uno de los múltiples temas que estudian los psicólogos de esta rama es el optimismo y su impacto en la salud, el desempeño laboral, la solución de problemas y las relaciones personales. Se ha encontrado que el simple acto de cambiar de un punto de vista negativo a uno optimista reduce los niveles de estrés en el cuerpo, mejora la calidad de las relaciones con nuestros seres queridos y promueve un mejor desempeño laboral, ya que estarás menos propensa a darte por vencida a la primera. En resumidas cuentas, ni la fe ni el optimismo hacen que las cosas se vuelvan fáciles; más bien, hacen que se vuelvan posibles.

Reitero que es saludable no creer todos tus pensamientos y elegir creer solo los que te convienen. Cambiar continuamente tus pensamientos fatalistas por optimistas (aunque en un inicio te sientas de lo más ridícula haciéndolo) hasta convertirlo en un hábito, y profundizar a diario tu fe en que todo conspira a tu favor, son pequeñas acciones que puedes cultivar a diario y que, a la larga, tendrán un tremendo impacto positivo en tu vida.

10. Trabajar hacia un cambio

La idea de que, para cambiar tu vida, primero tienes que cambiar tú puede ser algo difícil de asimilar. Piensa en cómo te sentías al comenzar el libro. Muy probablemente, fuera de control, como si nada pudieras hacer por cambiar tus circunstancias, y atrapada en un sentimiento de desesperación. ¿Te sientes diferente ahora? ¿En qué medida? Ahora que tienes tantos proyectos propios por delante, que estás llena de actividades que te nutren y te gustan, rodeada de amistades que te apoyan y viviendo desde el optimismo y la felicidad, todo se ve mejor, ¿no es así?

Tu potencial para cambiar y desarrollarte no tiene límites. Tampoco los tiene la posibilidad de generar cambios en tu vida. A lo largo de este libro, has trabajado para generar una etapa de paz y felicidad en tu vida.

Gózala al máximo. Ahora, más que nunca, sabes que en tus manos tienes el poder de cambiar la forma en que percibes tu realidad.

Te invito a que mires tu futuro con alegría y entusiasmo. Te invito a que hagas planes que te emocionen mucho, te mantengan en constante crecimiento y, sobre todo, te diviertan. Toma en cuenta que el trabajo hacia un cambio es vitalicio, pero no por ser "trabajo" tiene que ser algo difícil o aburrido. Por el contrario, cuanto más te centres en crear una vida para ti misma que te apasione profundamente, más deseos tendrás de seguir soñando en grande.

Sin garantías

Aunque hagas todo por cambiar, crecer, estirarte y demás, esto no quiere decir que te conviertas en una app humana de frases motivacionales con una sonrisota en la cara los 365 días del año. Tampoco te harás inmune por completo al repele de tu sección de noticias de Facebook, el mal humor, la curiosidad inmensa por saber lo que te dirían sobre tu vida amorosa si te leyeran las cartas o las ganas de aferrarte como loca a un chavo que parece lindo y tiene potencial. Somos humanas y, aunque tengamos la mejor de las intenciones, hay días en que no nos sentimos como queremos. Cuando tengas un día de estos, es normal pensar que de nada ha servido evolucionar. Que no tuvo el mínimo caso porque a lo mejor tendrás cuadritos en la panza, pero sigues sin que te pele una mosca y tu tía no ha parado de insistir en que quiere que conozcas a un amiguito de tu primo que seguro te caería perfecto. A lo mejor tienes más dinero y mejor puesto, pero a la hora de la comida con las amigas eres la única soltera entre todas las casadas. Insisto, estas caídas de ánimo son normales. Las vas a tener. Todas las tenemos. ¿Lo mejor? Aceptar que es parte del proceso y dejar de agobiarte. Mañana será otro día, pero para días de frustración te dejo con un extracto de una canción de Alanis Morissette.

Estaría bien incluso si no hiciera nada

Estaría bien incluso si me desaprobaran

Estaría bien incluso si cayera enferma y así me quedara

Estaría bien incluso si aumentara cinco kilos

Estaría bien incluso si cayera en bancarrota

Estaría bien si perdiera mi pelo y mi juventud

Estaría genial si ya no fuera una reina
Estaría magníficamente si no lo supiera todo
Sería amada incluso si me insensibilizara
Estaría bien incluso cuando fuera abrumada
Sería amada incluso cuando estuviera irritada
Estaría bien incluso si fuera pegajosa
Estaría bien incluso si perdiera la cordura
Estaría bien contigo o sin ti.

Alanis Morissette, *That I Would Be Good.*

Dime con quién andas y te diré quién eres

Como psicóloga esta frase siempre me ha hecho sonreír –incluso en esta editorial tienen un nuevo libro con ese título–, ya que su significado es mucho más profundo de lo que parece de buenas a primeras.

El psicoterapeuta Bert Hellinger, quien creó las constelaciones familiares (te recuerdo que es un método terapéutico que trabaja con base en la conciencia familiar), observó durante años cómo las personas se comportan de manera diferente según el grupo de personas con el que se encuentren.

A primera vista, esto podría parecerte muy simplista, pero da resultado. Veamos a qué viene al caso ahora. En una charla sobre las constelaciones familiares, la psicóloga Nora Sánchez utilizó un ejemplo muy sencillo pero poderoso a la vez: el de la vestimenta. Hay personas que cambian su forma de vestir según la persona a quien van a ver. Seguramente te dirás "todos adecuamos nuestra vestimenta dependiendo de la situación, ¿no es así?".

Pero, si ahondamos un poco, vemos que, según lo que está permitido en el grupo, también hablamos de temas diferentes, cambiamos ligeramente nuestra forma de expresarnos, admitimos cosas distintas, censuramos lo que expresamos y cuidamos nuestro comportamiento. Otros estudios dicen que eres el promedio de las seis personas con las que más te reúnes.

En ambos casos, lo que vale la pena retener es que, cuando cambias de hábitos, es normal —y en algunos casos, muy necesario— que tu círculo social sufra algunas alteraciones. Si decides hacer otras actividades, tal como está sugerido, conocerá a personas con objetivos similares a los tuyos. No se trata solo de rodearte "de gente positiva" sino de personas que trabajan lo mismo que tú día con día y comprendan por lo que estás pasando y lo que intentas lograr. Si en algún momento necesitas alejarte de alguien que no te apoya, hazlo aunque sea solo de manera temporal.

Un consejo de Kim

Seguramente has escuchado hablar de Robert Kiyosaki, autor del libro *Padre rico, padre pobre*. Su esposa, Kim Kiyosaki, escribió un libro sobre finanzas para mujeres. En las primeras páginas presenta una frase que me impresionó y dice algo así como "en tus 20s, tu mayor atractivo es tu físico. De los 30s en adelante, tu mayor atractivo es tu éxito". Esto se me quedó grabado desde la primera vez que lo leí y, en lo personal, coincido con la señora Kiyosaki.

No pretendo darte una cátedra sobre cómo manejar tus finanzas, pero sí creo que es una parte fundamental de la vida de cada mujer y te aconsejo documentarte al respecto. En muchos libros se habla sobre la libertad financiera con diversos niveles de complicación, desde *Pequeño cerdo capitalista*, de Sofía Macías, hasta *Guía para inversionistas*, de Robert Kiyosaki.

Si ya te has documentado de manera extensa al respecto, quizá sea momento de que busques a un asesor o mentor personal para que pueda seguir tu crecimiento. No importa en qué nivel te encuentres, lo principal es empezar.

Así como no pretendo decirte qué tienes que hacer para incrementar tu riqueza, quisiera que tuvieras mucho cuidado al seleccionar a alguien que sea tu guía en esto. Sé que mencioné que hay toda una gama de libros. También hay toda una gama de personas que dan consejos en televisión o radio. O tu tío o tu primo o alguien de tu familia a quien le encanta hablar de dinero. Escoger a un mentor financiero es como escoger a un entrenador personal en el gimnasio: no escogerías a un entrenador gordo y sin tono muscular ¿o sí? Pues de igual manera, investiga a fondo si la persona a quien te acercas realmente sí ha logrado tener éxito. Si le encanta dar consejos que él mismo no sigue, es señal de que no es para ti.

Ejercicio

Tener altas y bajas es perfectamente natural, lo que no te conviene al respecto es evaluar tu progreso con base en las emociones que van surgiendo. Te recuerdo que tus metas deberán ser medibles y tener un plazo de cumplimiento. Puedes seccionarlas de la siguiente manera:

1. Piensa en qué quieres lograr en cinco años. ¿Cuál es tu meta global? ¿Qué es lo que harías si supieras que el dinero o el tiempo no son problema? Después, elabora un plan de trabajo que vaya de adelante hacia atrás. Por ejemplo, qué tienes que hacer el primer año, los primeros seis meses de ese año, el primer trimestre de esos seis meses. Después prepara un plan de trabajo tanto mensual como semanal.

2. Traza un plan de acción concreto para cada área de tu vida. Enlista los contactos que pueden ayudarte, los cursos que quisieras tomar, cuántas horas de ejercicio vas a hacer, etcétera.

3. Prepara una lista con las siguientes preguntas:

   • ¿Cómo voy a saber que ya lo he logrado?

   • ¿Tengo que pedirle apoyo a alguien para hacerlo?

   • ¿Qué tiene que pasar para que yo considere que esto fue un éxito?

   • ¿Cómo celebraré el haber logrado esta meta?

Ten muy presente este plan, ya que te ayudará a mantener la calma cuando las emociones quieran interferir y desanimarte. Si puedes, pégalo en un corcho junto a las fotos o las frases que ya hayas seleccionado de esta sección.

CAPÍTULO 9

Tu nuevo final feliz

Quizá no se trate de un final feliz,
quizá se trate de crear una historia increíble.

omo vimos al final del capítulo anterior, aun después de haber hecho todo este trabajo, ¿es posible que nunca te cases? Sí. Es posible que eso suceda. También es posible que no formes una familia de la manera convencional que habías pensado, o que tu príncipe azul termine siendo muy, muy diferente de aquel que imaginabas cuando niña. Por otro lado, es posible que, desde este nuevo estado emocional y enfoque que tienes en tu vida, encuentres al hombre de tus sueños y recorran juntos una nueva aventura. Tal vez el hombre con quien te relaciones sea tan increíble que haga que el príncipe imaginado parezca un cualquiera sin nada especial que ofrecer.

Todo puede suceder. Lo cierto es que, de ahora en adelante, lo que cuenta es que no te amarres a un resultado concreto, sino a una manera de vivir tu propia historia. En tanto que la antigua meta tenía como fin exclusivo encontrar un marido antes de tal fecha, la nueva implica mantener una buena relación contigo misma, cultivar la autoestima, buscar amor verdadero, una relación sana y, sobre todas las cosas, tu equilibrio. Al dar con tu propia verdad, lo que más te conviene como mujer —sin importar las normas que dicte la sociedad— es vivir cualquier etapa libre de dudas y ubicada en un lugar de paz. La forma en que vivimos y lo que anhelamos de una pareja es algo tan profundamente íntimo que tú serás la única persona que puede lograr ese equilibrio interno que te aportará paz y felicidad. Eres la única persona que puede saber, desde lo más profundo de tu ser, qué es lo que te llena, cómo podrías lograrlo y qué significan el equilibrio y la felicidad para ti.

En el budismo se habla mucho del sufrimiento. Muchas personas han malinterpretado las enseñanzas del Buda para popularizar la idea de que "la vida es sufrir". En realidad, a lo que se refieren estas enseñanzas es que el desequilibrio en tu vida puede causar sufrimiento. Una manera muy sencilla de explicarlo es con el ejemplo de una bicicleta.

"Todo puede suceder. Lo cierto es que, de ahora en adelante, lo que cuenta es que no te amarres a un resultado concreto, sino a una manera de vivir tu propia historia."

Cuando estás aprendiendo a andar en bici, la rueda delantera se mueve caóticamente sin encontrar estabilidad, lo que hace que siempre estés a dos segundos de caer a la calle. Este desequilibrio de la rueda hace que la persona que está a cargo de la bicicleta no se la pase bien. Cuando aprende a manejarla bien y a transitar por las calles de manera eficiente, la rueda va hacia donde el conductor quiere, lo cual convierte la experiencia en algo placentero.

Ceder tu poder a las opiniones de quienes te rodean, a los medios sociales, a tu crítica interior, al miedo y a las expectativas ajenas es como darle poder a la rueda de tu bicicleta, dejándola moverse como quiera en lugar de ser tú quien la manipules. Estar en contacto con tu propia verdad no significa siempre estar feliz, significa que estás dispuesta a ser responsable por crear tu propio cuento y tu propia historia, sea cual sea.

Solo recuerda que, así como en los matrimonios más felices hay baches en el camino, estar en paz con tu realidad y disfrutarla no significa que nunca habrá problemas. Más bien, quiere decir que, con broncas o sin ellas, estarás en paz contigo misma.

Convertirte en mamá

¿Viste la película de Jennifer López llamada *Plan B*? En esta producción, la protagonista tiene unas ganas impresionantes de convertirse en mamá; sin embargo, siente que "se le ha ido el tren" y no ha conocido un hombre con quien pueda formar una familia. Entonces decide no quedarse con las ganas de ser madre y opta por la inseminación artificial. Como buen guión escrito en Hollywood, la inseminación pega a la primera y se embaraza de gemelos. Unos cuantos meses después, aparece un hombre guapísimo y dispuesto a estar con ella por el resto de su vida. Minutos antes de que aparezcan los créditos, se insinúa que está embarazada de un tercer hijo, concebido con este hombre apuesto. Esta película nos enseña, de manera divertida y bastante cursi, que hay varias maneras de convertirte en mamá y que, aunque tu camino de madre comience de cierta forma eso no quiere decir que permanecerá así por el resto de tu vida.

Mientras en Europa las parejas optan cada vez más por no tener hijos, en Estados Unidos las estadísticas muestran que, a partir de 2010, ha habido un aumento considerable en la cantidad de mujeres que eligen ser madres solteras. Los métodos son variados: inseminación artificial, tener un hijo con un amigo homosexual o adopción, entre otros.

Tras visitar un centro de apoyo para madres solteras por elección, observé que los discursos de las mujeres tenían varios elementos similares entre sí. Si pudiéramos conjuntar sus voces dirían algo más o menos así:

Pensaba que para estas alturas del partido ya me habría casado y tenido hijos con mi marido. Cuanto más tiempo pasaba, más caía en cuenta de lo difícil que sería encontrar una pareja de vida; pero las ganas de convertirme en mamá no se desvanecían. No quería perderme de esta experiencia por nada del mundo.

Ser mamá de mi hijo/hija es lo mejor que me ha ocurrido. Es un milagro. No tengo que consultar a nadie sobre cómo educarlo, no hay pleitos sobre el colegio al que debería asistir ni qué clases extracurriculares debe tomar. Claro, la carga económica es muy pesada, hay días en que me siento exhausta y mi vida social ha cambiado drásticamente, pero no lo cambio por nada. Convertirme en mamá sol-

tera por elección me ha vuelto mucho más agresiva profesionalmente, mucho más suave como mujer e infinitamente más paciente.

Lo interesante es que, al comparar este discurso sobre la experiencia de ser madre soltera por elección con el de mujeres que se convirtieron en madres solteras porque su pareja se alejó de ellas, descubrí diferencias significativas. Las madres solteras por obligación parecían abrumadas, agobiadas y agotadísimas, en tanto que las madres solteras por elección hablaban de la experiencia como un regalo de la vida que las había empoderado.

Al escuchar a las mujeres conversar en el centro de apoyo, me quedaba claro que para ellas no había duda en el deseo de convertirse en madre. Ninguna de las integrantes de ese grupo consideraba que la falta de pareja era razón suficiente para no tener un hijo. Este elemento es importante. Adoptar a un niño es un proceso que puede ser costoso y lento. La inseminación artificial es cara y, en el caso de algunas mujeres, frustrante si no funciona la primera (o segunda o tercera) vez.

En cualquiera de los casos, llegará una etapa en la vida del niño en la que hará un gran número de preguntas, como de dónde viene, quién es su padre (o, en caso de ser adoptado, quiénes son sus padres biológicos), de modo que tus deseos de ser madre tienen que ser de tal magnitud que te den fuerza suficiente para enfrentar todo lo que está por venir. Los casos de adopción entrañan una complejidad especial; a ratos estos hijos tienen un sinfín de problemas de conducta, enojo, rebelión fuerte contra la madre, deseos de conocer a sus padres biológicos a toda costa y ganas de juntarse con personas de su misma entidad o circunstancias familiares.

Si estás considerando convertirte en mamá sin tener una pareja estable, un buen consejo es conversar con otras mujeres que han hecho lo mismo. Esto te dará una mejor idea de lo que te espera y, si tienes suerte, empezarás esta aventura con un buen grupo de apoyo. De igual manera, consulta a médicos para indagar las opciones disponibles y sus costos.

Visita orfanatorios para preguntar sobre el proceso de adopción y, de ser posible, entrevista a madres que hayan adoptado ahí. Tu primer paso será conectarte con más mujeres en tu situación que puedan darte consejos, apoyo e información valiosa.

Preguntas que es útil formularnos

Algunas preguntas clave que podrás hacerte son:

- *¿Mis finanzas están en orden?* De no ser así, ¿cuáles son los primeros pasos que debes dar para solucionar esta situación?

- *¿Mi trabajo me permitirá ausentarme en caso de emergencia?* De no ser así, ¿quién podrá apoyarte si tu hijo/hija tiene algún accidente o enfermedad?

- *¿Tengo un buen grupo de apoyo que respalde mi decisión?* ¿Dónde puedes conocer a más mujeres en la misma situación que puedan brindarte apoyo moral a la largo del proceso?

- *¿Quién podrá hacerse cargo de mi hijo/hija en caso de que yo no estuviera?* Quizás esta sea una de las preguntas más importantes. Es importante que te cuestiones este tema y preguntes a otras personas con toda seriedad antes de comenzar el proceso.

❧ *¿Adoptar es bien visto en el lugar donde vivo?* ¿Estás preparada para ser objeto de todo tipo de miradas extrañas a la hora de recoger a tu hijo/hija del colegio? ¿Crees que esto afectará la manera en que lo/la traten en un futuro?

Por último, si adoptar no es la solución adecuada para ti y tampoco te encanta la idea de la inseminación artificial, pero no quieres perderte la oportunidad de estar rodeada de niños, hay un buen número de programas de voluntariado que implican contacto con niños y adolescentes, a los cuales puedes unirte.

Investiga en Internet o pregúntale a personas que hayan participado en programas de este tipo para tener opiniones de primera mano. Después, comunícate con estas organizaciones para que te orienten sobre lo que se puede hacer y cuántas horas a la semana podrías trabajar con ellos. Recuerda que se trata de redefinir tus metas y tus sueños de acuerdo con tus anhelos y desde donde te encuentras en este momento de tu vida.

No hay caminos correctos o incorrectos. Es cuestión de encontrar lo que te funciona.

¿Y si los hijos no son para ti?

Es posible que, aunque la sociedad y la biología dictan que toda mujer debe tener hijos, tú no tengas ese chip. Tal vez nunca se despertó en ti el instinto materno, no te interesen los niños o, sencillamente, no sean algo que quieras en tu vida. Con seguridad, si no tienes marido ni hijos, recibirás el triple de presión social de quienes te rodean. Aunque esta tendencia existe en otros países, en América Latina es muy inusual que una mujer elija no tener hijos.

Si este es tu caso, es natural que vivas y sufras un periodo de duelo. ¿Recuerdas que hablamos de nuestra impronta psicológica que nos dice qué esperar de la vida?

Cuando esto no se cumple, es forzoso hacer un reajuste.

Al elegir no tener hijos, sucede algo que los psicólogos llamamos sublimación, que, en palabras simples, es un desplazamiento de energía hacia algo socialmente aceptado y bien visto.

Ejercicio

Ana, de 38 años, sentía la necesidad de crear algo en su tiempo libre, por lo que empezó una línea de joyería desde su casa.

Paula, de 41, comenzó un negocio de pastelería.

Martha, de 35, comenzó a dar cursos para mujeres que querían empezar su negocio propio.

Todas estas mujeres alimentan sus proyectos con energía y cariño, creando algo propio duradero. Si te encuentras en esta situación, pregúntate si hay algo que quisieras crear o emprender.

1. ¿Qué tipos de pasatiempos te gustaría desarrollar?

2. ¿Hay algo que siempre has querido estudiar pero has postergado?

3. ¿Hay alguna otra amiga que está en tu misma situación con la que podrías asociarte?

4. ¿Cuál sería el primer paso que tendrías que dar para empezar un nuevo proyecto?

5. ¿Qué ganarías con hacer algo nuevo?

Plantearte estas preguntas es el primer paso para establecer metas nuevas en tu camino.

Respóndelas sin censura, deja volar tu imaginación y observa qué idea te emociona más. Este ejercicio te ofrecerá mayor claridad en cuanto a los pasos a seguir para emprender el proyecto.

Además de ocupar tu tiempo, esto marcará un parteaguas en tu vida, un antes y un después en cuanto a cómo estás creando tu presente y tu futuro. Un momento en el que, como dice la expresión popular, "hacia atrás, ni para agarrar vuelo".

La historia de Karen

Karen es mi ex cuñada. Bueno, casi ex cuñada. Cuando tenía 19 años se convirtió en madre soltera. Ahora, a sus 45 años de edad, con su hija completamente fuera de la casa, ha tenido tiempo para meditar sobre su vida y si quisiera casarse algún día. Después de unos meses de cuestionarse profundamente, Karen decidió que, en lugar de buscar una pareja, se iría de parranda.

Primero se cortó el pelo y se hizo transparencias, después le habló a todas sus amigas para que organizaran un viaje a Ibiza, donde Karen pudiera enfiestarse y festejar que había criado a una niña sin el apoyo de un marido y que ahora tenía tiempo de dedicarse a otras cosas que siempre había querido hacer. Estando en Ibiza le dijo a sus amigas que partiría de viaje durante seis meses, ya que nunca antes había podido hacerlo y le era posible trabajar en línea.

Al escribir esto, Karen está en las playas griegas para después continuar por Turquía. Dice estarse divirtiendo mucho y pensando tomar un curso de fotografía al regresar a su país. Sus amigas, lejos de juzgarla, la animan a disfrutar de su tiempo libre y a desarrollarse como persona.

Karen es un ejemplo perfecto de una historia feliz que sale de lo convencional.

Tal vez algún día se case, tal vez no.

Tal vez simplemente encuentre a un compañero de vida con quien no firmará contrato.

Tal vez en algún momento volverá a enamorarse. Pero por ahora su prioridad absoluta es su felicidad.

Reflexión

Después de haber compartido todo lo anterior, te pido que te formules las siguientes preguntas:

- ¿Qué creencia es la que más ha cambiado en ti acerca de los hombres?

- ¿Cómo ha cambiado tu perspectiva acerca del matrimonio?

- ¿Qué área de tu vida es la que más has cambiado?

- ¿Cuáles son los hábitos nuevos que has incorporado en tu vida?

- ¿Cómo han cambiado tus hábitos en cuanto a las redes sociales?

- ¿Cómo recibes la presión social ahora a comparación de cuando empezaste este libro?

En seguida, imagina que te reúnes con una amiga que hace mucho tiempo no ves. Ella comienza a contarte que está cansada de ser la única soltera en la mesa, que no encuentra a un solo hombre decente, que ya quiere casarse y "nomás no ve para cuándo" y que después del primer café te confiesa que piensa adoptar a unos cuantos gatos para no estar sola por completo ya que, en definitiva, es una quedada.

Si tuvieras que darle un solo consejo, ¿cuál sería?

¿Cómo crees que la perciben los hombres al estar tan desesperada?

Ahora que has pasado por un proceso de cambio, ¿te sigues identificando con alguna parte de la historia? ¿Hay algún elemento con el que no te identificas en absoluto?

Para terminar este libro

Como sabes, este libro es producto de un proceso que he vivido y lo que he observado de los procesos de mujeres cercanas a mí, tanto en México como en el extranjero; también surge de distintos planteamientos psicológicos que explican cómo funcionamos desde un marco teórico. A lo largo del libro hemos analizado cómo se forma la presión social por casarnos, cómo nos afecta esta y, por último, cómo liberarnos de ella para dejar de sufrir nuestra realidad y comenzar, más bien, a gozarla.

Con sinceridad, espero que hayas disfrutado su lectura y que los conceptos vertidos y los ejercicios sugeridos te hayan sido de gran utilidad. Recuerda que puedes volver a cualquier sección las veces que sea necesario. Si repites los ejercicios y los tests, te resultará muy interesante ver cuánto has cambiado con el paso del tiempo. Cada vez que releas una sección, la entenderás de forma distinta porque estarás en un lugar diferente y tu condición emocional será distinta.

Si quieres ahondar en un tema en particular, te invito a que evites leer solo las primeras páginas que te muestra Google y acudas con un profesional o a talleres de autoconocimiento que giren en torno al tema en cuestión. Sugiero que actúes con precaución al unirte a foros psicológicos en los que cualquier miembro puede opinar sobre un post, ya que algunos miembros quizá no estén calificados para asesorar en este tipo de situaciones.

Leer algo es solo el comienzo. Espero que apliques lo aprendido, que busques apoyo adicional si lo crees necesario y, sobre todo, que pongas continuamente en práctica los 10 hábitos que te facilitarán adoptar un estilo de vida que te colme de paz, alegría y entusiasmo. Una vida que, aunque distinta de la imaginada, te ofrecerá gran satisfacción.

Si al leer estas páginas pensaste en alguien a quien podría beneficiarle esta lectura, no dudes en compartir lo aprendido con ella, o en ofrecerle un ejemplar como un regalo especial, y pasar por este proceso juntas. Esto podría ser una experiencia divertida que ayude a profundizar mucho su amistad. Asimismo, tendrás a alguien con quién realizar los diferentes tipos de actividades que aquí se sugieren.

Si bien encontrar tu propia verdad, felicidad y equilibrio es algo profundamente personal, no dudes en contactarme y compartir conmigo las enseñanzas obtenidas a lo largo de este viaje. Puedes hacerlo a través de mi blog: Casandra2g. ¡Me dará mucho gusto leerte!

Espero que todas juntas podamos, poco a poco, crear otro tipo de esquema social, libre de estereotipos negativos sobre las mujeres solteras, libre de juicios, presiones y doble moral. Quisiera que juntas podamos crear una comunidad de mujeres que se hayan desconectado de la prisa por llegar al altar y estén más bien conectadas con formar una relación estable y amorosa, digna de ellas mismas y sus estándares.

Ahora, te invito a volver a tomar el test del segundo capítulo. De nuevo, responde con sinceridad y sin censurarte. No hay respuestas correctas, ni siquiera tras haber leído todo el libro.

___ Sientes que tus amigas están hartas de tus quejas sobre tu soltería.

___ Te ligas a hombres que en realidad no cumplen tus estándares porque crees que tienes suerte de que alguien se fije en ti.

___ Si tienes novio, lo presionas mucho para que se casen, al grado que el tema se vuelve discusión de cada fin de semana.

___ Cuando un chavo soltero te añade a Facebook te dedicas a ver todas sus fotos y analizar sus hobbies para determinar el nivel de compatibilidad de ambos.

___ Empiezas a pensar que después de todo no estaría nada mal salir con un viudo o un divorciado.

___ Tus rezos incluyen la frase "por favor, Dios, quiero conocer a mi futuro marido".

___ Cuando tus amigas te preguntan sobre tu relación, siempre dices que va de maravilla sin importar lo que en realidad esté pasando.

___ No te limitas a Tinder, tienes todo tipo de apps para solteros.

___ Cuando sales te pones la ropa más pegada y reveladora posible. ¡Hay que enseñar para seducir!

___ Te llegan destellos de certeza en los que afirmas que "ya se te fue el tren".

— Sientes que no casarte sería un fracaso inmenso en tu vida.

— La primera vez que sales con alguien lo interrogas acerca de su ingreso, su trabajo, su casa y cuántos hijos quiere tener.

— Uno de tus mayores miedos es quedarte sola o divorciarte.

— Al menos una vez a la semana mandas fotos de mujeres viejas rodeadas de gatos a tu grupo de WhatsApp en son de broma.

— Has mentido sobre tu carrera y tu edad para hacerte la interesante con alguien.

— Las bodas se han vuelto un lugar perfecto para conocer a tu futuro príncipe.

— Lo primero que haces al entrar a un antro, bar o restaurante es escanear a los hombres presentes y asesorar las posibilidades de ligue.

— Durante el último mes te has quedado en casa al menos un viernes en la noche, junto con una caja de kleenex, comedias románticas y una botella de vino.

— A menudo comparas tu vida con la de las amigas que te rodean.

— Suspiras siempre al ver a mujeres con carriolas paseando por la calle.

— Ya saliste con todos los amigos de tus amigas. Con los primos también.

___ Te das un ultimátum. Si no te casas para cierta edad, te mudas de país y adoptas a dos niños y tres perros.

___ Tu Instagram y Facebook están llenas de fotos sexys. Ya le prohibiste a tus amigas subir fotos donde no salgas preciosa.

___ Te arreglas hasta para ir al súper.

___ En lugar de sentir gusto por tus amigas que se acaban de comprometer, sientes envidia y resentimiento. Es más, esas pláticas ya te dan la flojera del mundo.

___ Cuando alguien se muestra interesado en ti, sientes euforia y alivio.

Mira tus respuestas sin juzgarlas. Observa con amabilidad lo que ha cambiado y lo que permanece igual. Como se ha planteado, el desarrollo personal es un proyecto vitalicio, por lo que eres libre de volver a tomar el test esporádicamente para así darte cuenta de lo que ha cambiado en tu vida. De corazón te deseo todo lo mejor.

Epílogo

Uno de mis poemas favoritos es el de Desiderata. Hace mucho tiempo me lo mostró mi mamá y sigue colgado en la pared de mi cuarto. Ahora lo comparto contigo. Creo que este poema te ayudará a mantener sentimientos de paz y fe en tu corazón, te dará la certidumbre de que la felicidad es una forma de vivir, no un resultado final o un destino. Más que nada, te recordará la bondad de escucharte a ti misma entre el ruido de la sociedad, los medios, los familiares y los amigos. Te lo dejo con mucho cariño.

Camina plácido entre el ruido y la prisa,
y piensa en la paz que se puede encontrar en el silencio.

En cuanto te sea posible y sin rendirte,
mantén buenas relaciones con todas las personas.

Enuncia tu verdad de una manera serena y clara,

y escucha a los demás, incluso al torpe e ignorante,

también ellos tienen su propia historia.

Evita a las personas ruidosas y agresivas,

ya que son un fastidio para el espíritu.

Si te comparas con los demás,

te volverás vano y amargado

*pues siempre habrá personas más grandes y más pequeñas
que tú.*

Disfruta de tus éxitos, lo mismo que de tus planes.

Mantén el interés en tu propia carrera,

por humilde que sea,

*ella es un verdadero tesoro en el fortuito cambiar
de los tiempos.*

Sé cauto en tus negocios,

pues el mundo está lleno de engaños.

*Mas no dejes que esto te vuelva ciego para la virtud
que existe,*

*hay muchas personas que se esfuerzan por alcanzar
nobles ideales,*

la vida está llena de heroísmo.

Sé sincero contigo mismo,

en especial no finjas el afecto,

y no seas cínico en el amor,

pues en medio de todas las arideces y desengaños,

es perenne como la hierba.

Acata dócilmente el consejo de los años,

abandonando con donaire las cosas de la juventud.

Cultiva la firmeza del espíritu para que te proteja de las adversidades repentinas,

mas no te agotes con pensamientos oscuros,

muchos temores nacen de la fatiga y la soledad.

Sobre una sana disciplina,

sé benigno contigo mismo.

Tú eres una criatura del universo,

no menos que los árboles y las estrellas,

tienes derecho a existir,

y sea que te resulte claro o no,

indudablemente el universo marcha como debiera.

Por eso debes estar en paz con Dios,

cualquiera que sea tu idea de Él,

y sean cualesquiera tus trabajos y aspiraciones,

conserva la paz con tu alma en la bulliciosa confusión de la vida.

Aun con todas sus farsas, penalidades y sueños fallidos,

el mundo es todavía hermoso.

Sé alegre.

Esfuérzate por ser feliz.

Acerca de la autora

Casandra Gally González es una joven de su tiempo. Proyecta vida e inteligencia, y es obvio su interés en desarrollarse como ser humano y como profesional, para después transmitir lo aprendido a otras personas. Sus inquietudes y su espíritu aventurero la han llevado a explorar México, su país natal, y muchos otros países del mundo, donde ha podido absorber la riqueza que otras culturas ofrecen. Psicóloga de profesión, aventurera por naturaleza, escritora y fotógrafa por vocación, ha reunido conocimientos y experiencias que resultarán valiosos para las lectoras y los lectores de su blog y de sus libros.

Casandra espera compartir contigo experiencias y opiniones. Si lo deseas, comunícate con ella a través de su blog: https://casandra2g.wordpress.com